神道の始まりと共に
「人々の感謝の祈りの場」
だったのが、
幣立の地です。

鎮守の杜と一体で、
神社の境内は構成されます。

幣立神宮の参道と入口

参道に生い茂る幽玄な五百枝
(いおえ) 杉

幣立神宮の拝殿から

拝殿の中にある精巧な龍の彫り物

右：悠久の太古から、この地で人々の祈りが続けられている
左：幣立神宮は、高天原神話発祥の神宮

私は幣立神宮にお仕えする役割をいただいています。
なので常々、幣立神宮の地が
「世界最高のパワースポット」だと思っています。

幣立神宮、春木伸哉宮司

神代《かみよ》の昔、天孫瓊々杵尊《ににぎのみこと》は、
東御手洗《みたらい》のご神水で、
全国の主要な地を浄《きよ》められました。

幣立神宮の森に湧く湧水。八大龍王が鎮まる「水玉の池」

中国の始皇帝は、不老不死の霊薬をこの神水に求めたという

お祈りをして、少量を持ち帰って、自分の家の水に御霊（みたま）を移しましょう

東水神宮

４歳のころから幣立神宮につとめているご子息の春木秀紀（ひでのり）氏

自分の家、自分の仕事、
自分が受け持っている役割が
誇り高く、最高のものである
という自覚は、人を豊かにし、
パワーの源になります。

幣立神宮の御祭神である、
神漏岐命《かむろぎのみこと》・神漏美命《かむろみのみこと》が
御降臨されたこの地に
御神木が生い繁ったと伝わる

右：幣立神宮の天神木

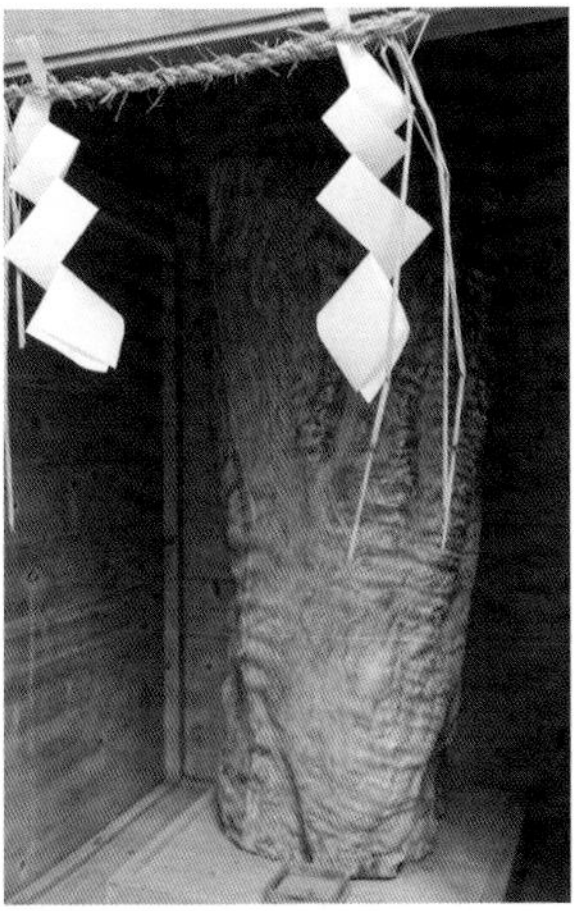

天神木の「首っ玉」

天神木の頂点に立っていた部分。
平成三年(一九九一年)九月の台風で
天神木の頂点は飛ばされてしまった
が、次々に新しい芽が出つづけている

矢尻の数々

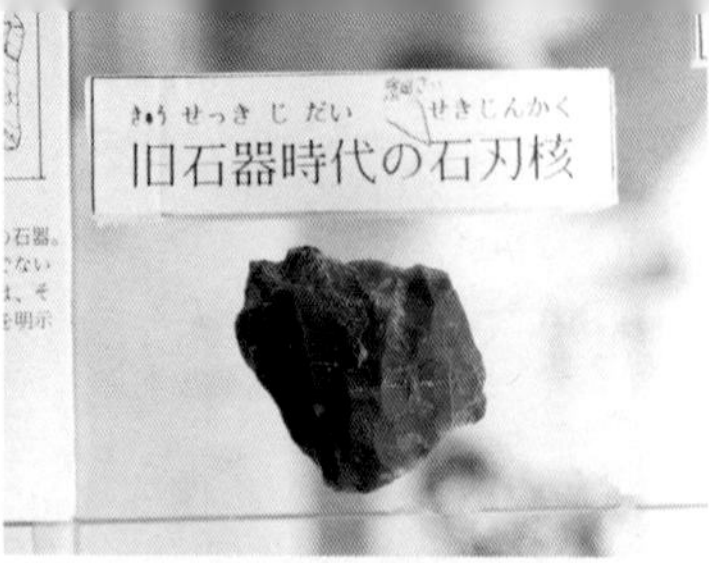

旧石器時代の石刀（せきじん）核

縄文時代のスクレイパー、削器（さっき）

野々畑から出土した
縄文時代の宝物。そして人類の足跡

幣立神宮周辺は、縄文の昔より人々の集う聖なる地であったことは、出土された石器や土器からも推測される

宝物庫に収められているもの

日本万国博覧会に出品された仏足跡写真

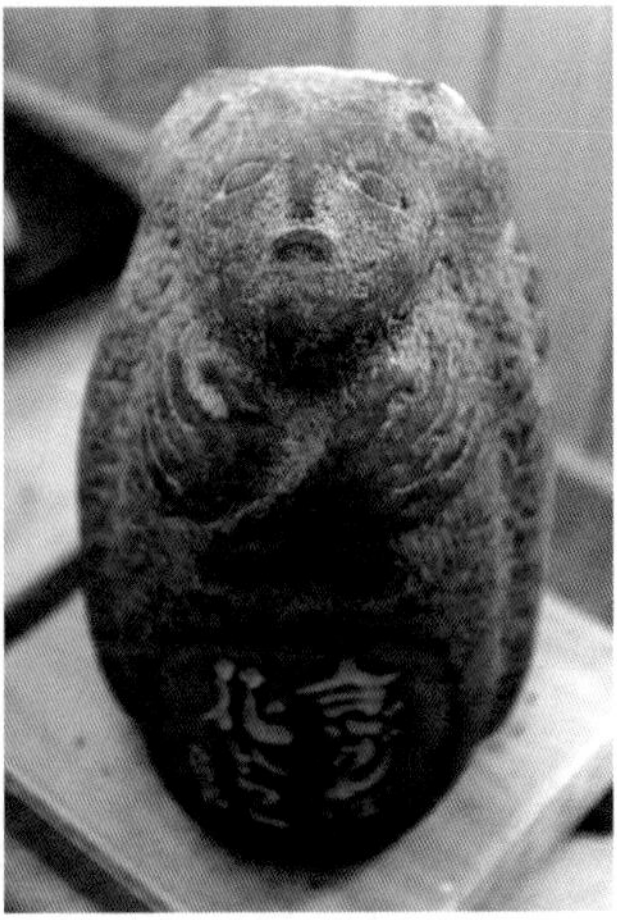

〝念ずれば花ひらく〟と彫られた像

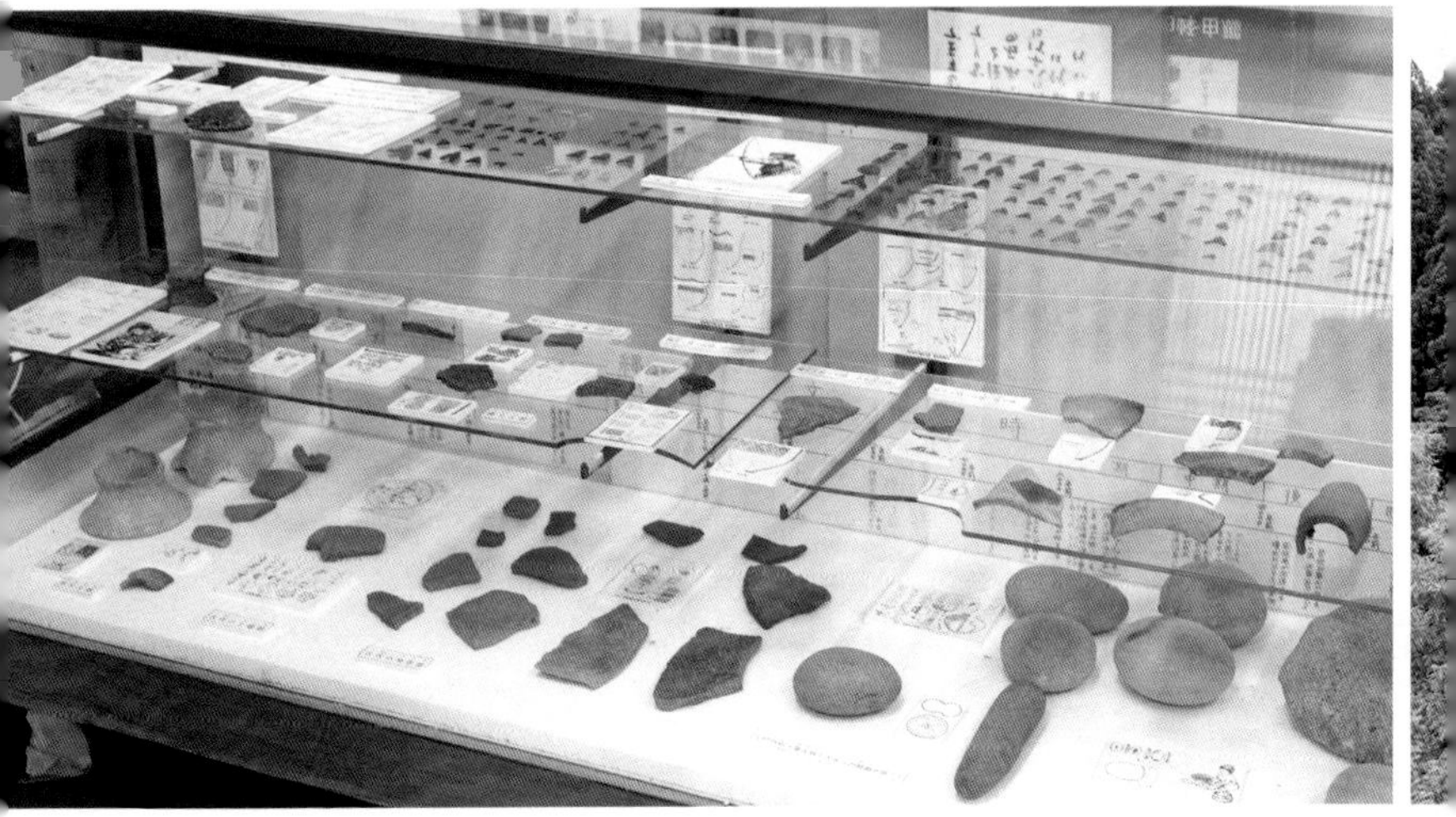

幣立神宮は阿蘇外輪の南側に位置し、縄文時代の遺物が数多く出土している

東の宮の御祭神は、風の宮大神、雨の宮大神、火の宮大神と天兒屋命(あめのこやねのみこと)

西の宮（水神宮）御祭神は、水波能売神(みずはのめのかみ)と日子八井命（ひこやいのみこと)。桓武天皇の第一子

幣立神宮に祭られる神々

西の宮、大野神社に祭られているご祭神、応神天皇と健磐龍命（たけいわたつのみこと)

幣立神宮の初代神官、天兒屋命
（あめのこやねのみこと）の御陵墓

幣立神宮の敷地内に、春木家の歴代神官が祭られている

幣立神宮の由緒

高天原・日の宮と称され、筑紫の屋根の伝承がある。神殿に落ちる雨が東と西に分水し、東西の御手洗池の湧水となり、其々が大海に注ぐ分水嶺である。天神の大神が幣を投げられた際に、この地に立ったことから「幣立」の名を冠する。

社殿創建年代は不詳だが、境内近辺より後期旧石器時代の石器が出土したことからも、古来より人々がこの地にて生活を営んできたことが窺える。

旧暦十一月八日は、天照大御神が天の岩戸籠りの御神業を終えられ、当宮へご帰還になり、幣立皇大神にその報告が行われた日で、この後御神徳大いに照り輝かれた。よって、この天照大御神の和御霊は、幣立神宮の天神木にお留まりいただくという、御霊鎮めの御祭りである「巻天神祭」を行う。しめ縄を天神木に引き廻らしてお鎮まりいただく古から続く祭りである。

【主祭神】
神漏岐命・神漏美命（カムロギノミコト・カムロミノミコト）
この神名を神代文字では[illegible]（アソヒノオホカミ）と表している。
大宇宙大和神（オオトノチノオオカミ）
天御中主大神（アメノミナカヌシノオオカミ）
天照大御神（アマテラスオオミカミ）

【配神】
大和国六始神（天・地・風・水・火・雨）
神代七代（大門能主大神列七神）
天神七代（天御中主大神列七代神）
五色神（世界の民族の祖神）

神を受けつぐ日本人　目次

第一章　幣立神宮の宮司として、役割を果たすことに感謝です

10　希望の光の始まり
12　心豊かに誇り高く生きる／滅亡する民族の共通点
15　神道から始まった日本と、一神教の世界の違い

私の子供時代／人生の方向を決めてくれた恩師 18
努力の積み重ねは人を呼び、一を十にも百にも成長させてくれます 22
人生「二〇〇〇年時代」の生き方 27
「ノストラダムスの大予言」とパワースポットブーム 29
日の丸を掲げることで、神さまのパワーが入ってきます 32

第二章 遥か縄文の世から今日まで続いているもの
——日本文化の源流をたどる——

お祭りは縄文の昔（神代）から連綿と受け継がれています 38

水の生まれる大地で、縄文人の暮らしが神道を誕生させました 40
幣立神宮の由緒 43
神道の始まりと共に「人々の感謝の祈りの場」だった幣立の地 46
直会《なおらい》は神さまと一体になる祭りの到達点 47
幣立神宮周辺の人類の足跡 49
巻天神祭／日本の精神文化に一貫して流れているもの 51
天孫降臨は歴史の真実です 55
神話や歴史の不幸な時代 60
神武天皇建国の心が歴史を貫いている 66
天孫降臨のその後 68
生き続けている天孫降臨／大嘗祭に供える水が語る 72
日本列島に受け継がれた縄文人の子孫／神の遺伝子を持つ日本人 76

78 神武天皇の御東遷と天孫降臨
82 「歴史に学ぶ」とは何か
88 歴史のどの側面に光を当てたらいいのか
90 大祓詞は日本文化の源流／罪・穢れの本当の意味
94 わが国（日本）は太古より、天皇を中心とした民主の国を目指していました

第三章　甦れ、日本の心

98 聖徳太子の「十七条の憲法」には、今に通じるすべてが書かれています

「誇り高い日本であってほしい」という願いが込められた 109
昭和天皇年頭詔書《しょうしょ》　昭和二十一年（一九四六年）
『昭和天皇独白録』 112
ユダヤが示す日本の尊さ 114
日本人である自分を知る 120
歴史——私にとっては真実として守り続けた先祖の伝言です 123
幣立神宮に導かれて（ジュディス・カーペンター）／五色神祭と五色神面 126
「何よりも惹かれたのは、日本の霊性（spiritualité）です」 132
教育勅語と修身教科書 138
天皇の祈りと神道には、言葉としての教えはありません 144
豊臣秀吉のバテレン追放の真実 145
神社のご神体である鏡（カガミ）について 149

150 日本的死生観とは何か
151 皇位継承／女性宮家創設について
155 神話に始まった皇統／女性天皇はすべて男系女子
161 歴代天皇は男系により継承されてきました

第四章 世界の最終平和をつくるのは日本

166 日本の民主主義は、神代からの文化です
168 白人国家が拒否した、日本による人種差別撤廃案
171 人種差別国家対日本／黄禍論

自立精神が芽生えたアジアの国々 173
カンボジアのシアヌーク国王が演じた日本人 175
世界の地図が塗り変わった／あいつぐ植民地の独立 179
豊かになった有色人国家 187
御製から見える平等と平和を祈る天皇 190

第五章 世界に光を放つ神道文化

ジャン＝ジャック・ルソーが求める国とは 194
歴史を取り戻し誇り高く 197

202 永遠の平和の世界／高天原・幣立神宮を表している文書
210 おわりに

装丁 三瓶可南子
写真 中谷航太郎
編集 豊島裕三子

第一章

幣立神宮の宮司として、役割を果たすことに感謝です

希望の光の始まり

令和が始まって、日本人の多くが清々しい夜明けを感じています。

即位の礼、大嘗祭《だいじょうさい》が映像で流れ、神社に足を運ぶ若い家族連れが目につくようになりました。令和という時代の文化が日本を変え、世界を変えるような気がしています。

「人々が美しく心を寄せ合う中で、文化が生まれ育つ」という意味を込めて〝令和〟とした、と首相官邸のホームページに説明があり、希望の光の始まりを感じました。

今からおよそ八百年前、下鴨神社の神官の家に生まれた鴨長明《かものちょうめい》は当時の世の中を見て次のような言葉を残しました。

「ゆく川の流れは絶えずして、しかも、もとの水にあらず。

淀みに浮かぶうたかたは、かつ消えかつ結びて、

久しくとどまりたるためしなし。」（『方丈記』より）

これは「世の中はいつも流れているが、永遠のものなどありはしない」という嘆きの言葉のようです。

しかし、この中には日本の真の姿が描かれていません。

わが国には縄文の世から今日《こんにち》まで、揺るぎなく流れているものが二つあります。

それは万世一系《ばんせいいっけい》と言われる天皇の存在と、細くなったり太くなったりしても一万五千年の古《いにしえ》より今日まで存在し続ける、神社に象徴される神道です。

令和二年は中国の武漢から広まったコロナ禍によって、わが国はもとより世界が一大事となっています。

長い歴史の中で育まれた日本人の魂（日本人の道徳性）が世界に広まることで、この状況が収束し、世界の平和と繁栄の道標となってほしいと願っています。

心豊かに誇り高く生きる／滅亡する民族の共通点

イギリスの歴史学者アーノルド・j・トインビーは、滅亡する民族の三つの共通点を次のように言っています。

①自国の歴史を忘れた民族は滅びる
②すべての価値を物やお金に置き換え、心の価値を見失った民族は滅びる
③理想を失った民族は滅びる

アメリカに留学したひとりの青年から、恥ずかしい思いをしたという話を聞きました。それは次のような話でした。

「外国の人たちはお国自慢が得意です。自分の国に誇りを持っています。彼らは歴史や文化に誇りを持っていますが、私は高校を卒業して今まで、わが国日本

で誇れるものを何一つ学んだことがありません。外国を侵略したことや身分差別でつらい目に遭《あ》わされた人々のことなど、おぼろげな記憶しかありません。自分の国を語れませんでした。

アメリカ人や諸外国の人に対して、私は日本人であることを語れず、なんとなく世界平和を願っているなど、半端な会話で過ごしました。今思えばなんと恥ずかしいことだったか」と語ってくれました。

彼は日本に目覚め始めていました。

もうおひとり、令和元年十月、アメリカに半年間のホームステイをした女性の話です。

「ロシアから来た同年代の女性と一緒に半年間過ごし、お別れのときに記念写真を撮りました。私は幸せな気持ちを表現するためV（ピース）サインをしたら、共に過ごしたロシアの彼女が突然怒り出したのです。私は何のことかわかりませんでした。

ロシアの彼女にとっては勝利宣言のビクトリー（V）だったのです。

私は日本での習慣を説明して許してもらい、記念写真をV（ピース）サインなしで撮り直しました。深く考えずに習慣化していたことを恥ずかしく思いました。

何気ない行動が歴史や文化の違いで人の心に軋轢《あつれき》を生むと知った貴重な経験でした」

今の日本の教育では、自分を知り他を知る、殊《こと》に世の中に功績を残した人に敬意を払ったり、尊敬する経験をすることができません。

日本や世界を知らないままで教育期間を終えてしまいます。

私たちは民族の歴史や文化について、「互いの違いを認め尊重しましょう」などと、口にしますが、自国の歴史や文化について無知のままでは、違いを認めようにもその資質に欠けます。

ただただ相手にすり寄って「違いを認めた気」になっています。

歴史の中で生き残るには「自国の歴史」「先人の営み」に敬意をもって接していくことが、違いを正しく理解する基礎になると感じています。

つまり、自分を知り、自国を知ることによって、自主的・主体的に行動ができ、その上で違いがわかり、他を尊重し認め合える日本人に成長していくのでしょう。

「心豊かに誇り高く生きる」とはこういうことでしょう。

神道から始まった日本と、一神教の世界の違い

わが国を理解するには、今日世界をおおっている宗教について整理したほうが解りやすいと思います。

世界はほぼ一神教です。

一神教では、最初に神があり、すべては神の創造物であり、神の教えは絶対です。

神の言葉を伝える預言者がおり、その教えを記した教典が存在します。

一神教の世界は、神の教えの違いにより、長い間確執と殺戮《さつりく》の時を過ごしました。

一神教は信じる神の優越性を信じ、他宗教を排斥しました。

これが後の「力による世界支配」を正当化する思想に発展したことは、想像に難くないところです。

十八世紀半ばから十九世紀にかけて、イギリスで起こった産業の変化と社会構造の変化により、西欧列強はより多くの富を求めて海外に進出し、キリスト教徒の国が世界を制圧しました。

時を合わせて、わが国にも時代の波が押し寄せてきました。歴史で学んだペリーの来航です（一八五三年）。

わが国にあっては、近代国家に変化するのに、イギリスを手本に国づくりをし、これを文明開化といい、その過程で多くのキリスト教徒が入ってきましたが、同化することなく共存の道を選びました。

過去の一時期、豊臣秀吉の宣教師追放や、江戸時代初期のキリスト教禁止があり、その背景を論じることなく、また、学ぶ機会が少なく、宗教弾圧として私たちの意識に残ってきました。

そのため、わが国は宗教について不寛容のように意識づけられてきましたが、本当は「一神教の不寛容さ」と、当時の「キリスト教国の世界支配」が人種差別に基づいた植民地支配によっていたことは、歴史の事実であります。

西欧諸国は、世界を手中に入れた後、植民地争奪戦を繰り広げます。

イギリスとフランスの争奪戦はおよそ百年続きます。

こういう歴史の流れにあって、アメリカの独立、フランス革命を経て、西欧諸国によって世界は分割されていきました。

アジア、アフリカ、南北アメリカをはじめ、世界のほとんどが植民地としての運命をたどることになります。

ひとりわが国は世界の状況を横に見ながら、近代国家の道を歩きました。

この背景には、違いを排斥せずに、違いと共存する神道の精神文化があったからではないでしょうか。


神道は多神教です。

『古事記』の「序一段」にその考え方が表れています。

そもそも混沌とした天地万物の根源はすでにできあがっていました。しかし何らかの様子もその兆《きざ》しも見えない状態なので、誰もその様子を知っているものはいません。

しかしながら、天と地が初めてわかれて、三柱《みはしら》の神が生まれてもろもろのものを生み出す始めとなります。

このことはよくはわかりませんが、人が気づいたときにはどうも最初に自然があり、その自然の中から神が生まれ、人や物を生み出す神が生まれたのではないでしょうか。

『古事記』では人や物を生み出す神の始めに、伊邪那岐《いざなぎ》・伊邪那美《いざなみ》の命が登場します。


神道では神が自然の中から生まれました。

神道とは、神と人の道をつくってきた自然・神・人が一体となった自然道であり、その中から生まれた人の道が、道徳という言葉で表されています。

私の子供時代／人生の方向を決めてくれた恩師

私は令和の国の儀式を八十二歳で迎えました。「日本人で良かった」と強く感じました。

神さまのお陰をいつもいただいているように感じます。

世の中の人との出会いに恵まれ、出会いのたびに私の世界が広がりました。

ここで私の子供時代、学生時代の話をしますので、少々おつきあいください。

昭和二十年（一九四五年）、米軍の空襲で焼け野原になった中で、夏休み明けの小学二年生の二学期を迎えました。父は兵隊として出征したまま次の年の夏を迎えました。今考えたらよく生き延びたと思える貧しい食糧事情で、母一人で必死に子供を飢《う》えさせないように働いていたことを思い出します。

父が復員してからは生活が一変しました。軍隊で培《つちか》った生き延びる知恵を家族全員に身をもって教え込みました。簡単な言葉にすると「怠けるな、くじけるな、あきらめるな」を身につけたように思います。

小学六年生の冬休みの終わりの日、宿題が残ったまま「これ以上できない」と言って、見守っていてくれた母のそばに行ったら、「手を温めなさい」と言って、炭に火をつけて火鉢のそばに呼んでくれました。普段口数の少なかった母でしたが、その時ある女流俳人の話をしてくれました。

その女流俳人とは「朝顔に　つるべ取られて　もらい水」で有名な加賀千代女《かがのちよじょ》のことでした。

加賀千代女は十七歳の頃、俳句を作るお題に「ほととぎす」という題を与えられたといいます。彼女は夜通し作り続けたものの、師はどの句も良しとしませんでした。ついに明け方となり、部屋に光が差し始めたころ、「ほととぎす　ほととぎすとて明けにけり」の句を詠み、師に認められたのです。

母はこの話をした後、「もう遅いからお休み」と言いました。

私が明け方までかかって、宿題を仕上げたのは言うまでもありません。その後諦めそうになったときは、いつもこの言葉を思い出すようになりました。

高等学校三年生の十月、授業料滞納のため、私の名前が「無期停学」と掲示板に貼り出されました。一学年下の人と二人でした。当時は謹慎処分や退学処分など掲示板で通知するのが普通だったのです。

心配してくれた担任の先生は、仕事が終わってから4キロの山道を行き来し、私の家まで何度も足を運んでくださいました。おかげで年末にようやく通学できるようになり、年が明けてすぐ進路相談がありました。

私の人生の方向を決めてくれたのは、その時の担任の先生です。

私も家族も高等学校を卒業したら就職を希望していましたが、担任の先生が「私が受験料を出すから、大学受験だけはしなさい」と言って父を説得してくださり、そのおかげで熊本大学教育学部二年課程の数学科に合格したのです。

この時の先生は今もご健在で、毎月社会問題のレポートをある機関誌に寄稿されています。いつも教えられています。花吉洋一先生です。真実違わぬ恩師です。

私は二十五歳で結婚し、代々、幣立神宮《へいたてじんぐう》の社家を務める春木家の婿養子となりました。

結婚して初めて神社に接することになり、神官とはこんなに厳しいのかということを、父である宮司の姿から感じました。

昼も夜も読書をし、神社の歴史、国の歴史、祖先の歩いた道、さまざまな角度から学び、祈りの言葉を創造していました。

私は父の姿を通して、少しずつ神官に近づいていったのです。

努力の積み重ねは人を呼び、一を十にも百にも成長させてくれます

東京オリンピックの前の年、昭和三十八年（一九六三年）、東本願寺派の一人の僧侶・西村見暁《けんぎょう》氏が「聖地を探して世界を回ってきたが、残念ながら聖地と思えるところに出会わなかった」というレポートを目にした先代宮司が、「あなたが探しているところは幣立神宮だと思います。一度訪ねてみませんか」と手紙を書き送りました。

西村氏は悩んだ末に、広島への原爆投下における被爆者であり、歌人の正田《しょうだ》篠枝《しのえ》氏に相談されたところ、「悩むより自分で確かめ、その上で判断しなさい」と言われ、はるばる広島から訪ねておいでになりました。

西村氏は境内に足を踏み入れられた瞬間、「私が探していた聖地はここだ」と直観されました。この方は東京大学でインド哲学を専攻し、金沢大学で哲学の講座を持っておられました。

正田篠枝氏は「耳鳴り歌人」として有名な原爆犠牲者です。

ご縁があり、昭和三十九年（一九六四年）八月二十三日、東京オリンピック成功のため、五輪担当大臣の名をもって幣立神宮にて祈願祭が行われました。

この正田篠枝氏は命の限り原爆犠牲者の冥福を祈る「南無阿弥陀仏」の名号《みょうごう》浄書に心血を注ぎ、一万人の名号が余命半年を押して完成し、これまたご縁があり、オリンピック開会式当日、午前十時に担架に担がれたご本人が幣立神宮に献納し、心なる祈りを捧げられ、残る二十九万人の冥福を祈る名号完成をお祈りになりました。

この後二年半の歳月、苦しみを押して全三十巻の名号が完成し、広島の川の畔に鎮まりました。

この結びになった僧侶の西村氏は広島を引き払い、幣立神宮の後ろに庵を結び、そこを拠点に生涯をお過ごしになりました。そのご縁でこの田舎に次から次へと人が訪れ、生き仏として人々の尊敬を集めていました。

平成二年（一九九〇年）七月一日のある日、男女二人の修行僧が訪ねてこられました。一日のお勤めが終わり、帰りじたくに取りかかったとき、静かに進み出て鳥居横の駐車場の隅に残っている廃家を借り受けたいと申し出がありました。

私は「そこは危険家屋で住めません」と申したところ、「わかっています」と申されました。そこで「五年間自由にお使いください」と申しましたところ、あっという間に改築し新築同様になりました。

お二人は伊藤玄明と高橋由美子と名乗られました。

私はお二方の五年間の行動に接するうちに、仕事の本質がわかったような気がしました。何事を為すときも常に真剣勝負の勢いで人を説得し、事を為していく姿勢に強く刺激を受けました。

玄明氏との出会いは私に多方面の方々との交流をもたらしました。氏の人を動かす力の強さにはいつも驚かされました。

伊藤玄明・妙円のお二人はその後、奈良を拠点に自然宗佛國寺を開山、愚谷軒黙雷・釈妙円《しゃくみょうえん》と命名して、国家と世界のために、命を削って活動されておられるだろうことは想像に難くありません。

平成二年（一九九〇年）からの五年間でたくさんの人と出会うことができました。当時飛ぶ鳥を落とす勢いの船井幸雄氏をはじめ、映画制作者の龍村仁《たつむらじん》さんと交流を持つことができました。

平成三年（一九九一年）九月二十七日、台風十九号が日本列島に吹き荒れ、幣立神宮も大きな被害を受けました。鬱蒼《うつそう》とした幣立神宮の森に光が差し込み、翌年の春には、野草がいっせいに目を覚まし、目に優しい花畑を演出してくれました。

神社の復旧には十年の歳月を要し、この間、多くの方の応援をいただきました。殊にさいたま市在住の吉田明正氏のお力は、ときを超えて御神域に輝かしい足跡を残してくださいました。あるときは音楽評論家の湯川れい子様が「九州に講演に来たので、どうぞお役立てください」と講演料をご奉納いただきました。また横浜在住の柳下景秋氏の一行様にも、長い間ご支援をいただきました。

今日のお宮の姿は、多くの方の静かなご支援の賜《たまもの》です。

〝水からの伝言〟で人の心のありようが自然に対しても大きな影響を与えることを映像にして証明しようと『水からの伝言』を出版した江本《えもと》勝《まさる》氏もこの頃の出会いです。

彼を通じて筑波大学名誉教授、村上和雄《むらかみかずお》博士のノーベル賞級と言われる遺伝子の発見に至る経過と、人との出会いによる革命的な変化について、刺激的なお話を直接聞くことができました。国際的に一秒を争う競争を乗り越える発見に至る苦闘のお姿を直接感じることができたのは、本当に貴重な経験だったと思っています。

人間には不思議な力があります。

自分一人でできないことも、努力の積み重ねは人を呼び、人と出会い、一を十にも百

にも成長させることを見せてもらった気がします。

「人は死なない」と東京大学名誉教授の矢作《やはぎ》直樹先生がおっしゃっておられますが、私の体験の中で「人の命は無限に活動し、無限に生き続ける」ことを実感している日々です。

人生「一〇〇年時代」の生き方

日本人の寿命が延びて「人生一〇〇年時代」と言われますが、せっかくですから活き活きと一〇〇年を過ごしたいものです。

私は令和二年（二〇二〇年）八月一日で満八十三歳ですが、私と共に時を刻んでいただく親しくお付き合いさせていただいている方は、ほぼ七十歳以上です。

皆さん、自称社会の第一線で活躍なさっています。

活き活き人生です。

「よく学び、よく遊べ」と、子供の頃は口癖のように親や先生から聞かされました。

脳と身体を効果的に訓練しましょうということです。

「よく学び」を最も効果的で持続可能にするものは、仕事を持つことです。自称社会の第一線には誰でもなれます。そのように思って、**身近で自分にできる何かに生き甲斐《がい》を持つことによって、新しいものに気づき、発見していくエネルギーになります。**

料理でもよし、掃除でもよし、自称社会の第一線で活躍したいものです。私は幸運に恵まれ、神主という役割を与えられ、生涯現役を与えられています。役割を果たしていけることに感謝です。

最近、身体を元気にするための部屋の中での体操指導が流行しています。私自身良いこととわかっていても、なかなか長続きしません。然《しか》し遊びは、疲れを知らず、飽きもせずで、子供の頃と変わりません。私は七十五歳の頃から座骨が痛く、腰が右へ曲がっていました。寝ても起きても痛みを感じていましたが、遊び感覚でいろいろな運動を楽しんだ結果、ほぼ正常な状態に返り咲いています。

「遊び」とは、好きで楽しんで続けられる「人生の喜び」と思っています。

元気は活動のエネルギーです。

今では背筋も伸びて、自称いい男になっています。

「ノストラダムスの大予言」とパワースポットブーム

一九九〇年代に「ノストラダムスの大予言」が流行《はや》りました。

一九九九年七月に空から「恐怖の大王」が降ってきて、人類が滅亡するという予言でしたが、人間の心のありようを改めて考えさせられる出来事でした。

現代の日本では教育が行き渡り、一人一人が多くの知識を持ち、多くの情報を自由に手に入れることのできる、知的存在です。その知識をたくさん持っておられる人たちが、不確かな情報（予言）に踊らされ、多くの人が右往左往している様子を目のあたりにして、とても驚かされました。

ひょっとしたら、このことをみんなで演出しておられたのかもしれませんが。

果たして一九九九年七月三十一日は人々の心配は杞憂《きゆう》に終わり、何も起こらず、明けて八月一日の空は、晴れ晴れとしていました。出会う人それぞれが輝き、希望に燃えているように感じました。


その後も「地球がフォトンベルトに突入し、終焉を迎える」とか、地球の磁極が逆転する「ポールシフトが起こって世界は終わりを告げる」など、いろいろな説がありましたが、これは短期間で消えていきました。

この時も「ノストラダムスの大予言」の時に踊らされた同じ人たちが、心配そうに情報を持ってきてくださいました。

いずれも**「自分の心のありよう」がすべてです。**

予言を乗り越えられる人間力が試される出来事でした。

「ノストラダムスの大予言」には「心が正しければ生き残る」という言葉が書かれてい

たそうで、素敵な予言でした。

人々の間には、いつでも不安材料が浮かび上がってきます。

その後、パワースポットブームになりました。

イギリスのストーンサークルやアメリカのセドナなどパワースポットと言われる特別な場所が世界各地にあります。その場所に触れることによって一大変身し、素晴らしい活動をなさっている人や、繰り返しその場所を訪れなければ安心できない人も見受けられます。

パワースポットを自分の外に求めている、他力に依存している姿です。

本来パワーは、自分の内面から湧き出すものです。

自分の外側ばかりに目が行くのは、不幸のように思えます。

自分の外側に何かを求めるのではなく、自分自身をパワーのかたまりに育て上げるのです。

できれば自分の住まいをパワースポットにしたいものです。

日の丸を掲げることで、神さまのパワーが入ってきます

わが家をパワースポットにするには、玄関先に堂々と国旗を掲揚することです。国旗の日の丸を通して、神さまのパワーが入ってきます。

最近、国旗を掲げているところが少なくなりました。個人のうちだけでなく公民館でも国旗を見なくなりました。

例えば五月五日の「こどもの日」は、国家として子供の健やかな成長を願い、国民こぞって祝福する日です。天皇誕生日は国家の象徴であり、国民統合の象徴である今上陛下の誕生をお祝いする祝日です。

二月十一日の「建国記念の日」は、神武《じんむ》天皇が橿原宮《かしはらのみや》に即位された日を建国に思いを馳《は》せる日として、歴史の真実に向きあおうという意味が込められた日で、戦前は紀元節として国家の祭日でした。

国旗の日の丸を通して、神さまのパワーが入ってきます

日米戦争に負けたことによって、わが国の歴史を消し去り、国民の誇りを消失するよう、本来の祝祭日を禁止、並びに廃止されたものです。

アメリカから押しつけられたものを民主主義と言って日本人としての誇りをなくし、意味不明な「国際人」や「地球人」と言って、根っこの定まらない浮き草のようになっています。

先述の歴史学者トインビーの言葉が、現実のものとならないことを祈るのみです。

残念ながら今では、「祝祭日」は単なる「休日」になっています。

祝日・祭日という認識で、自国の歴史やお

祝い事に向きあい、国旗を掲げることが先進的で国際的ではないでしょうか。


どこの国にも国旗には歴史と思想があります。

建国、独立、革命などの背景があります。

国際化の波の中で独立した国家としての日の丸は、自然発生的に使われだして、明治になって国旗として世界に向かって掲げたものです。

国旗は戦争や外国侵略のシンボルや道具とは無縁のものです。

堂々と掲揚し、素敵なパワーを取り込みましょう。


パワースポットを自分の力で生み出していくのです。 背筋が伸びます。

私は幣立神宮にお仕えする役割をいただいています。

ですから常々、**幣立神宮の地が「世界最高のパワースポット」だと思っています。**

私には世界一の役割を持った人生を過ごさせていただいているという自覚があり、幸福な人生です。

自分の家、自分の仕事、自分が受け持っている役割が誇り高く、最高のものであるという自覚は、人を豊かにし、パワーの源になります。

第二章

遥か縄文の世から今日まで続いているもの

――日本文化の源流をたどる――

お祭りは縄文の昔（神代）から連綿と受け継がれています

お祭りは祈願、感謝、歴史の継承などが中心です。

毎年九月十五日は、古《いにしえ》より大祭として地域こぞっての祈願祭です。

農業中心の時代は、その年の収穫が命綱です。通称豊穣会《ほうじようえ》と言って台風の時期に、稲穂を守っていただくように祈願します。家庭や社会の安定のための最重要の祈願祭です。

社会の変化と共に職業の安定、産業の発展といった社会構造の変化に応じて若干言葉が変わりますが、大元は「生活の安定」と「子孫繁栄」を願ってのものです。

旧暦十一月八日の祭典は巻天神祭といって、わが国の歴史と文化の源流に思いを馳せ、先人に感謝を申し上げる祭典です。

私は神社に関わるまでは、天照大神や天孫降臨を、天皇の権威づけのために作られた歴史物語だと、教科書通りに思い込んでいました。

真実は全く異なりました。

今から千三百年ほど前に編纂《へんさん》された『日本書紀』は、極めて公平で、今日の言葉で言えば「世界に類を見ない客観性に富《と》んだ記録」です。

『古事記』と若干異なるところがありますが、**この記紀《きき》の記録が具現化して現在まで受け継がれてきたのが「神社の祭り」です。**

歴史の真実を継承するお祭りです。

神主は、ただ一筋にこれを継承していきます。

冒頭に述べた通り、**神代より連綿と流れ続ける歴史の真実は、祭りを通して現代に息づいているのです。**

祭りの歴史の真実に向きあうとき、わが国の文化や政治が、中国や西洋と全く異なり、人としての優しさが感じられます。

今日の社会が異質に見えるのは、心の本質はわが国の文化、道徳性を潜在的に受け継いでいるのに、教育や情報、知識が、わが国の歴史や文化と異なる作為的なものに支配され、迷いの世界に入っている仮の姿だからだと思っています。

私は祭りを通して、日本という祖国に目覚め始めました。

人はそれぞれ異なる環境にいます。異なる角度から、歴史の隠れた真実、縄文の世から今日まで流れ続ける真実を、解き明かしていただけることを祈り続けます。

水の生まれる大地で、縄文人の暮らしが神道を誕生させました

「水の星地球」と言います。海と陸地の割合は七対三と言われています。ほとんど地球の表面は水におおわれています。

しかし、生活に使える水は極めて希少です。中国大陸、ヨーロッパ大陸、南米アマゾンなど大河には水が溢れていますけれども、生活に使いやすい水は希少です。

一方、日本国土は、あちこちからしみ出す水に張り巡らされています。わが国土は暮らしに困らぬ水の生まれる大地です。

この大地が生み出した縄文の人々の暮らしが、神道を誕生させました。

水辺に育まれる優しい植物や魚貝類の水辺の幸、海の幸、山の幸、野の幸に恵まれており、私たちの祖先は日の神、水の神、山の神の恵みに感謝し、いただいた命の糧《かて》を天地風水雨の神々にお供えし、感謝を込めて食しました。

長い間狩猟採集を中心にした暮らしが続き、農業を主とするまでには、およそ一万年の歳月を過ごしました。人々は助け合い励まし合いながら、争いから遠い暮らしを営みました。

そうして、「和の文化」が生まれたのです。

わが国の神道思想はここを原点に、時が移っても根源の「祭りの心」は変わらず、今日に受け継がれています。

ただひたすらに、感謝を込めてお供えすることを「祭り」と言います。

神道には預言者がいません。ですから教義がありません。

個人個人が神の心を体現して、道を求めるものです。

『DNAでわかった日本人のルーツ』(国立遺伝学研究所・斎藤成也教授監修)では、縄文人が日本人の祖先であることを解き明かしています。

幸運なことに日本は大陸との間に海が存在することによって、異民族に支配されることなく、北海道から沖縄まで共通の言語空間を持ち、海外からの移住者を少しずつ受け入れ、同化させてきた和やかな民族の心が、異なった宗教とも共存し、違和感を生じることのない国民文化を育ててきたのではないでしょうか。

『日本書紀』用明《ようめい》天皇の紀に、「天皇は仏法を信じ、神道を尊ぶ」とあります。

神道の心が滲み出た記録でありましょう。

神道の心が最もわかりやすい姿に接することがあります。

それは、天皇の祈りの姿です。

民の安寧と世界の平和を祈られるお姿が神道そのものです。

人々を指導するのではなく、そのお姿を通して神の道に気づいていく、それを神道と思っています。

幣立神宮の由緒

鎮座地　熊本県上益城郡山都町大野七一二

高天原・日の宮と称され、筑紫の屋根の伝承がある。

神殿に落ちる雨が東と西に分水し、東西の御手洗池の湧水となり、其々が大海に注ぐ分水嶺である。天神の大神が幣を投げられた際に、この地に立ったことから「幣立」の名を冠する。

社殿創建年代は不詳だが、境内近辺より後期旧石器時代の石器が出土したことからも、古来より人々がこの地にて生活を営んできたことが窺える。

旧暦十一月八日は、天照大御神が天の岩戸籠りの御神業を終えられ、当宮へご帰還になり、幣立皇大神にその報告が行われた日で、この後御神徳大いに照り輝かれた。よって、この天照大御神の和御霊は、幣立神宮の天神木にお留まりいただくという、御霊鎮めの御祭りである「巻天神祭」を行う。しめ縄を天神木に引き廻らしてお鎮まりいただく古から続く祭りである。

太古の神々（人類の祖先）は、大自然の生命と調和する聖地としてここに集い、天地・万物の和合なす生命の源として、祈りの基を定められた。これを物語る伝統が「五色神祭」である。

この祭りは、地球全人類の各々の祖神（赤、白、黄、黒、青人）がここに集い、御霊の和合をはかる儀式を行ったという伝承に基づく神事である。これは、五大人種が互いに認め合い助け合う和合の世界を建設するという、世界平和の宿願の啓示である。幣立神宮の古代的真実、理念の実現こそ、今日の全地球的願望であり、これからの人類文明への厳粛なるメッセージである。

五色神祭は八月二十三日、五年毎に大祭、その間四年は小祭が行われる（詳細は『青年地球誕生』参照）。

ふる里は　日の宮居なり　天つ日の　光にそへて　天照らすかな
日の本は　天地《あめつち》結ぶ　日の宮居　霊《ひ》の本照りて　地球《くに》は安けし
五色《いついろ》の　神の手振りぞ　日の宮の　斎庭《ゆにわ》に祈る　世界《よ》の平和《たいらぎ》を

主祭神

神漏岐命・神漏美命（カムロギノミコト・カムロミノミコト）

この神名を神代文字では（アソヒノオホカミ）と表している。

大宇宙大和神（オオトノチノオオカミ）

天御中主大神（アメノミナカヌシノオオカミ）

天照大御神（アマテラスオオミカミ）

配神

大和国六始神（天・地・風・水・火・雨）

神代七代（大門能主大神列七神）

天神七代（天御中主大神列七代神）
五色神（世界の民族の祖神）

神道の始まりと共に「人々の感謝の祈りの場」だった幣立の地

幣立神宮の御祭神は神武天皇以前の、神代《かみよ》の時代の神々です。

創建は不明ですが、縄文の昔より人々の集う聖なる地であったことは、周りから出土する石器や土器からも推測されます。

この御神域の壮大さと水に守られた優しい自然環境から、神道の始まりと共に「人々の感謝の祈りの場」であったことは、容易に推測されます。

御神域の中心には、縄文の遥か昔より命をつないできたご神木（天神木）が、歴史の原点を訴えかけてきます。

古の祭祀では御神木の前に仮の祭壇を設け、山野のものをお供えし感謝を示していたと考えられます。

直会《なおらい》は神さまと一体になる祭りの到達点

神道の祭りはお供えをすることです。

各神社はお米と塩、それに水を中心に、海川山野のものを美しく整えてお供えします。「御饌神酒《みけみき》を供える」と表現したりもします。

「のりと」は祝詞と書くように、神さまにお供えをし、お守りいただいていることに感謝申し上げ、国の発展と世界の平和、人々の幸せをお守りいただくようにお祈り申し上げる言葉です。

直会とは、祭り終了後に、神前にお供えした御饌神酒を神職をはじめ参列者の方々でいただき、神と人とが一体になり、神さまのお守りを戴くという神事で、直会をもって神事の終了となります。

神さまにお供えできた恵みに感謝し、楽しくおいしく睦《むつ》み合いながらいただくのが、

神さまへの最大の感謝の姿です。

来年もお供えできるように働き、神さまの恵みをいただけるよう語り合うことにより、神さまと共に生きることを体感できるのです。

十一月二十三日に新嘗祭《にいなめさい》が行われます。

天皇が天神地祇《てんじんちぎ》に五穀の新穀を供え、また、天皇ご自身がこれを食し、その年の収穫に感謝すると共に、神の御霊を身に体して生命を養うという、神道本義のご祭礼です。

大嘗祭《だいじょうさい》は、天皇即位後に最初に行われる一世一度の新嘗祭のことです。

令和の祭祀は元年十一月十四日から十五日にかけて、大嘗宮《だいじょうきゅう》の儀が行われました。祭場を東西二カ所に設け、東を悠紀殿《ゆきでん》、西を主基殿《すきでん》と称し、それぞれに齋田《さいでん》である悠紀田、主基田から召した新穀をお供えし、天皇ご自身天照大神と共に食し、神と一体になる祭祀です。

お祀りの最後には祝宴（直会）があります。大饗と言います。

今上陛下（令和の天皇）の大嘗祭はテレビ放映がありましたので、思い起こしながら歴史の中に身を置いて、日本の本質を学びとりたいものです。

大嘗祭に合わせて、各地域の状況により神宮・神社それぞれに祭典が行われました。

幣立神宮周辺の人類の足跡

阿蘇外輪の南側からは、縄文遺物がたくさん出土しています。多様な土器をはじめ石器、鏃《やじり》（矢尻）、石斧などさまざまです。

幣立神宮東隣の原野を開いて高等学校の敷地とした工事では、ブルドーザーを入れる度に、遺跡と思われる出土があり、石器、土器が続々と掘り出されました。

残念ながら当時の行政は、これを押しつぶし平地にしてしまいました。跡形もありません。その中から拾い集めた物のいくつかを、幣立神宮では保管しています（カラー十二ページ参照）。

一万三千年程前の石器から弥生時代の土器まで、連続して出土しています。

縄文の古から現代まで、一貫して人々の営みを垣間見ることができます。

幣立神宮のある大地は、暮らしよい水に囲まれており、周りには枯れることのない湧水があり、小さな集落を営むのに最適の地だったに違いありません。

最近ではパワースポットと言って多くの人が足を運びます。

一万五千年前、氷河が温《ゆる》んだ頃、この大地に生を受けた日本人の先祖、縄文人たちは、小さな水温《みずゆる》む地に家族の暮らしを営んだことでしょう。

現代は科学技術が発達し生活様式は変化しましたが、変わらず自然の恵みを享受しています。殊に自然志向の強い方は湧水を好み、大きなペットボトルを持って、水汲みに足を運ぶ人が増えています。

昭和三十年頃までは、各家庭で貫穴を掘って、そこから湧き出る水を生活用水として利用していました。

幣立神宮が縄文時代から今日まで、太くなり細くなりしながらも、人々の信仰の地として守られてきたことは、わが国の歴史の連続性を物語っています。

古代から連綿とつづく人類の足跡が何よりの証拠といえるでしょう。

幣立神宮には、恐らく神代から伝わったであろう数々のものが今も祀られています。

巻天神祭／日本の精神文化に一貫して流れているもの

わが国の歴史を連ねている大河の本流は、天照大神の岩戸籠《こも》りに始まります。世の中が乱れ、悪弊が生まれたため、自らの不徳を質《ただ》し、祈りをもって国づくりを実現していくという、**徳による国づくりを形作っていきました。**

社会の乱れはリーダー自らが自己の不徳として、問題解決に当たっていく姿を、天照大神自身がお示しになりました。これがこの後の天皇をはじめ、各時代のリーダーたちの国づくりの原型となっていきました。

神武天皇の即位の言葉、聖徳太子の十七条の憲法、明治天皇の五箇条の御誓文と大河の流れは淀みなく流れ続けています。

この流れを、正しく伝える情報のないことが、日本の不幸をつくっています。

この大河の一滴について、一地方の幣立神宮では、そのしずくを祭りとして継承しています。

幣立神宮では旧暦十一月八日、巻天神祭が執り行われます。

万世一系の天神木に、しめ縄を引きめぐらせる儀式です。

幣立神宮の古文書（大正四年六月十五日登録　学代三八九四号　神社財産登録済証）による祭りの意義は、概略すると次の通りです。

要点は、記紀（『古事記』・『日本書紀』）には、天照大神様が天岩戸をお出ましになるところで完結していますが、巻天神祭はその後の神事を伝えています。

「十月十四日の吉時に岩戸神楽起始め、こうして夜啼鳥時を告げ、夜が明けました。

手力男命《たぢからをのみこと》日神の御前に罷り出て、天岩戸を押し開きになります。

次に天児屋根命《あめのこやねのみこと》日神を招導きになり、後に天太玉命《あめのふとだまのみこと》日神を再び元に複さぬよう縄に房つけて岩戸の外に引きめぐらしになりました。

これが注連縄《しめなわ》の起こりです。これより諸神等は日神を山田が原の小屋殿に導かれたの

幣立神宮のご神木（天神木）

で、高天原が再び明るくなりました。

故に須佐男命《すさのをのみこと》は甚だしく身の過ちを覚え、自ら荒ぶる神たちを引き連れて、出雲の国に天降りになりました。

次に、大日霊尊《おおひるめのみこと》（天照大神様の幼名）は山田が原の小屋殿より神輿神殿に移り、諸神の肩に乗り、十一月八日の吉辰に高天原日の大宮に神鎮まりになります。

これが神輿の起こり始めです。

大日霊尊《おおひるめのみこと》は日の大宮に和御魂《にぎみたま》となって神鎮りになります。高天原をお照らしになったので、天照日の大神と称されるようになりました。

ここに日の大宮に神鎮まります大門能主日の大神《おおとのち》（大宇宙大和神《おおとのちのおおかみ》）、天御中主大神《あめのみなかぬしのおおかみ》の二柱の神と合わせて三柱の神がお揃いになりました」

これより天照日の大神の和御魂は日の大宮にお鎮まりいただくよう、しめ縄張りめぐらせてお守りすることになりました。このお祭りが巻天神祭です。

天照日の大神が岩戸からご帰還の折り目にされた人々の暮らしが、この後の天孫の御降臨のご依頼になります。

天孫降臨は歴史の真実です

奈良時代の初めに編纂された歴史書、『古事記』と『日本書紀』は縄文時代から今日まで一貫して流れる日本文化の原型を表しています。

天孫降臨に一貫して流れている思想は、天皇の安定した国づくりの責任、人々の暮らしを改善していく稲作文化の指導援助の生活救済とまつりごと、そして、責任のあり方の記録です。

人々の暮らしのすべての責任は、天皇とその子孫にあることが明らかにされています。大嘗祭は天孫降臨の真実を祭事として継承されているもので、わが国の歴史がこの一点に凝縮されています。

神さまがご依頼になったことを神勅《しんちょく》と言います。

天照大神は三つの重要なこと、「三大神勅」を皇孫瓊瓊杵尊《ににぎのみこと》にお下しになり、『三種の神器』を授けて高天原から葦原《あしはら》の中《なか》つ国に降り、わが子孫のために祈りをもって国づくりをしてほしいと仰います。

瓊瓊杵尊は三種の神器と共に御降臨の際、天児屋根命《あめのこやねのみこと》、天太玉命《あめのふとだまのみこと》をはじめとするお供の神々と葦原中つ国へ旅立ちになります。

これを天孫降臨と言います。

三大神勅

◆天壌無窮《てんじょうむきゅう》の神勅

豊葦原《とよあしはら》千五百秋《ちいほあき》之《の》瑞穂国《みづほのくに》は、是《こ》れ吾《あ》が子孫《うみのこ》の王《きみ》たる可《べ》き地《くに》なり。宜しく爾皇孫《いましすめみま》就《ゆ》きて治《しら》せ。行矣《さきくませ》、寳祚《あまつひつぎ》の隆《さか》えまさむこと、當《まさ》に天壌《あめつち》と窮無《きはまりな》かるべし。

◆宝鏡奉斎《ほうきょうほうさい》の神勅

吾《あ》が兒《みこ》、此《こ》の寳鏡《たからのかがみ》を視《み》まさむこと、當《まさ》に吾《あれ》を視《み》るがごとくすべし。與《とも》に床《みゆか》を同《おな》じくし、殿《みあらか》を共《ひとつ》にして、斎鏡《いはひのかがみ》と為《な》す可《べ》し。

◆斎庭《ゆにわ》稲穂《のいなほ》の神勅

吾《あ》が高天原《たかまのはら》に所御《きこしめ》す斎庭《ゆにわ》の穂《いなほ》を以《も》て、亦吾《またあ》が児《みこ》に御《まか》せまつるべし。

天孫降臨とは、天皇のあり方を天照大神の御神勅を基にして具現化されたものです。天孫降臨について具体的に表現した記録があります。『風土記』の逸文に残っています。

日向《ひむか》の国《くに》の風土記《ふどき》に曰く、臼杵の郡の内、智舗《ちほ》の郷《さと》

（『神典』大倉精神文化研究所　第二十版）

「天津彦火瓊瓊杵尊《あまつひこほのににぎのみこと》、日向《ひむか》の高千穂二上峯《たかちほのふたがみのたけ》に天降《あも》りましし時《とき》、天暗冥《そらくら》くして晝夜《よるひる》別《わ》かず、人物道《ひとみち》を失《うしな》ひ、物《もの》の色《いろわ》別け難《がた》かりき。茲《ここ》に土蜘蛛《つちぐも》有《あ》り。名《な》を大鉗《おほはし》・小鉗《をはし》と曰《い》ふ。二人《ふたり》奏《まを》しけらく、皇孫尊《すめみまのみこと》、尊《たふと》き御手《みて》以《も》て稲千穂《いねちほ》を抜《ぬ》きて籾《もみ》として、四方《よも》に投《な》げ散《ちら》したまはば、必《かなら》ず開晴《あか》りなむとまをしき。時《とき》に大鉗等《おほはしら》が奏《まを》せるが如《ごと》、千穂《ちほ》の稲《いね》を搓《も》みて籾《もみ》と為《な》して、投《な》げ散《ち》らしたまひしかば、即《しなわ》ち天開晴《そらあか》りて、日月照光《つきひて》れり。因《か》れ高千穂二上峰《たかちほのふたがみのたけ》と曰《い》ひしを、後《のち》の人改《ひとあらた》めて智舗《ちほ》と號《なづ》く。」

この記録によると、天孫降臨が具体的になっています。最後に改めて「智舗と名づく」とありますが、この地名は今日まで受け継がれ、実在しています。幣立神宮を中心として、今日の山都町《やまとちょう》の一部（旧蘇陽町　清和村）と宮崎県の五ヶ瀬町に隣接する高千穂の一部を、智舗（知保）郷として交流が続いています。

天孫降臨の中心テーマは「天暗冥《そらくら》く、昼夜別たず、人道を失い、物の色別き難しかりき」で、天地自然の一大異変がもたらした「生活不安の救済の旅」であることがわかります。

しかし、それが実現できる環境が存在したことが証明できなければ、ただの物語になります。私たちはこれを証明するための実験をしました。

阿蘇中岳の噴気と草千里ヶ浜（画像提供：阿蘇市）

実験のリーダーとして汚水処理を自然との共生をめざし、土壌浄化法を開発した新見正氏を迎え、新見氏が交流のあった学者数名と、地元の数名で、縄文時代の稲作を想像して、足で湿地を踏み込んで、道具は木枝だけを使って、その上に種をまいて稲作り体験をしました。

結論に至るまで平成二年から平成十二年まで約十年かかりました。

この実験により、幣立神宮周辺に阿蘇山の降灰が著しく少なかったことが確認されました。

火山の噴火、降灰は近隣の自然環境を大きく変化させます。特に農耕生活者にとっては、壊滅的な打撃を受けることが予想されます。

このような状況にあっても、人々の生活を守る原資が残っていたのが、幣立神宮とその周辺だったのではないかという結論に至りました。

幣立神宮の周りの湿地帯は籾《もみ》が温存された貴重な場所だったのでしょう。

そして、「日向の国の風土記」として記憶に受け継がれたことが推測されます。


私たちは、原文に当たることなく誰かの解釈を鵜呑《うの》みにして、一神教の神と混同して思い込みによって、神道の原点を曲解した解釈に踊らされています。

神道は歴史の中に存在します。

天孫降臨は歴史上の真実であることを確信するに至りました。

神話と歴史の不幸な時代

戦後、占領政策によって公職追放となった学者に取って代わり、ＧＨＱの指導を代弁する学者が学会の主流となりました。

自らの学説を科学的と称して、それまで通説とされていた歴史上の物語や戦前の歴史教育をことごとく否定していきました。

『古事記』『日本書紀』に語られる神話はもちろん、応神天皇以前の歴史もすべて大和朝廷の権威づけのために作られた物語に過ぎないとした説が定着していき、神話や歴史の不幸な時代が訪れたのです。

時代に合わせて躍り出てきたのが、東京大学名誉教授・江上波夫氏でした。

昭和二十三年（一九四八年）に「日本民族＝文化の源流と日本国家の形成」と題するシンポジウムで騎馬民族征服王朝説を唱え、「崇神天皇が古事記にハツクニシラシシミマキノスメラミコトと表されているのはその証拠である」と発表し、一世を風靡《ふうび》しましたが、根拠のない話で、今日ではこれを唱える学者はいなくなっています。

昭和五十年（一九七五年）発行、東京大学名誉教授・井上光貞著『古代史研究の世界』一三九ページには、

「定着した史実教育：ほぼまちがいなく歴史的な実在である応神朝より前の、天皇の系譜や事績、例えば神武天皇の東征や崇神天皇の四道《しどう》将軍、ヤマトタケルやオキナガタラシヒメノミコト（神功皇后）の物語などからなる歴史の構図が、早くとも五世紀の大和朝廷の人々が過去の投影した観念上の所産であることは疑うことはできないのである」

とこのように明言し、これを批判することは歴史学者としてタブー視され、これが事実のごとく教育界で扱われ、今日を支配しています。

今日の歴史教育で、歴史としての神話を扱った教科書は皆無で、ただ「縄文時代、弥生時代、古墳時代」として神話に踏み込まない考古学として、教育の世界に姿を現しています。したがって、日本の歴史を貫いた天孫降臨をはじめとする歴史の真実を架空の物語として、誠の日本文化の源流に触れることなく、成人していく姿が残念で仕方がありません。

わが国の歴史教科書には、天皇と神道についての記述が見あたりません。

少なくとも神武天皇の即位の言葉に触れさせ、文化の源流を味わう経験があっても良さそうに思います。

『月刊MOKU別冊・神話／民俗のこころと浪漫を探る』の中で梅原《うめはら》猛《たけし》氏は、

「…やはり日本の王朝が征服王朝であったことは事実のようです。どうも九州日向からやってきたらしい。日向の向こうに高天原がある」

と述べています。

ここまではよかったのですが、この後に戦後の思想に染まった思いつきが語られています。

「高天原はひょっとしたら朝鮮半島か、あるいは大陸ではないかと考えられています」

これは、極めて不見識な思いつきではないでしょうか。

こういうことがあってかどうかはわかりませんが、元高千穂商科大学教授・名越二荒《なごしふたら》之助《のすけ》氏の、「高天原は韓国に奪われた」という一文を目にしました。

次のような内容です。

「やがて建国記念の日がやってくる。全国各地で神武創業を偲ぶ式典が行われるが、政府主催の式典では、抽象的に遠い歴史に思いを馳せるというだけである。したがって「雲にそびゆる高千穂の」という「紀元節」の歌は歌われない。マスコミも古代を語るのに、考古学や中国製の『魏志倭人伝』を下敷きにしている。我々の祖先が書いた『古事記』や『日本書紀』は敬遠するか、無視している。教科書で神武天皇に触れたのは『新しい歴史教科書』（高校用、明成社）だけである。これでは我々の祖先が抱いた信仰心や思想、そして国家形成に至る苦難の伝承は伝わらない。

このように日本は国家の基本が定まらないから独立国と言えず、諸外国に対し謝罪や専守防衛に追われ、年と共に後退を続けてきた。

そこを見抜いたのか韓国は意気軒昂《いきけんこう》である。平成十一年（一九九九年）には、高天原は韓国の慶尚北道高麗邑にあったとして、広さ五万坪の公園を造成した。

そこには当時を偲ばせる碑が建てられているが、ケッサクなのは『高天原居住神之系譜』と題する巨大な碑である。

碑には伊弉諾・伊弉冉二柱の神から、瓊瓊杵尊《ににぎのみこと》に至る高天原の神々の系譜が『日本書紀』に基づいて彫られている。したがって天照大神、素戔嗚尊《すさのをのみこと》もそこに住んでいた韓国人であり、神武天皇はその末裔であるということになり、その横には、『高天原』という詩碑が建っていた」

と、概略としてこういうことが書かれていました。

令和二年の文部省教科書検定では、「神話などを扱った教科書はすべて不許可になり、従軍慰安婦などを復活させた教科書を合格させた」という報告文を目にしました。

神話や歴史にとって不幸な時代が、令和の時代も続いていることに、暗澹《あんたん》たる思いです。

日向の向こうの**高天原は、オアシス現象で救済の糧をもたらした宮崎と熊本の交わる智舗《ちほ》の郷をおいてはありません。**

今日の幣立神宮が、その祈りの場であったことは明らかです。

神武天皇建国の心が歴史を貫いている

神武天皇は天孫降臨の思いを具現化するために、兄の五瀬命《いつせのみこと》と幣立神宮のご神木である万世一系の天神木・高千穂宮で話し合われ、東の方に行こうとお決めになります。

そうして日向《ひむか》を出発し、まず筑紫に着かれました。

苦難の道をたどり、兄五瀬命を亡くし、遂にヤマト（大和）にお着きになります。

大和遷都に当たって、神に約束をされます。（『神典』の日本書紀　引用）

夫《そ》れ大人《ひじり》の制《のり》を立《た》つる、義《ことわり》必ず時に随《したが》ふ。苟《いやしく》も民に利有《さちあ》らば、何《いか》にぞ聖造《ひじりのわざ》に妨《たが》はむ。且当《またまさ》に山林を披拂《ひらきはら》ひ、宮室《おほみや》を経営《をさめつく》りて、恭《つつし》みて寶位《たかみくらゐ》に臨《のぞ》み、以《もち》て元元《おほみたから》を鎮《しず》め、上《かみ》は則《すなは》ち乾霊《あまつかみ》の國《くに》を授けたまひし徳《うつくしび》に答へ、下《しも》は則《すなは》ち皇孫《すめみま》の正《ただしきみち》を養ひたまひし心を弘《ひろ》むべし。然《さ》て後に、六合《くにのうち》を兼ねて都を開き、八紘《あめのした》を掩《おほ》ひて宇《いへ》と為《せ》むこと、亦可《またよ》からずや。

ここで特に注目すべきは、人々のことを宝、則ち「元元《おほみたから》」と表現しているところと「乾霊《あまつかみ》の國《くに》を授けたまひし徳《うつくしび》に答へ」と、さらに「皇孫《すめみま》の正《ただしきみち》を養ひたまひし心を弘《ひろ》むべし」の三点にあります。

この時代に天皇が民を宝として扱っておられることは特筆すべきことです。

また、天孫降臨の精神を受け継ぎ、天皇自らが正しい行動をし、その姿を示すことで国を治める（シラス）と宣言なさいます。

民に対して指示するのではなく、御自らのあり方について述べておられることが、御即位のお言葉になっているのです。

この精神が今日まで受け継がれ、大河のように流れ続けていることを、天皇陛下のお姿を通して知ることができるのです。

天孫降臨のその後

現在の宮崎県高千穂町には天孫降臨の地が二カ所あります。

二上《ふたがみ》神社と槵觸《くしふる》神社です。

二上神社については、瓊瓊杵尊、二上峯に天降りましてと由緒にあり、二上神社のご神体が二上山、槵觸神社については『古事記』の記録と幣立神宮の記録から述べていきます。

『古事記』には、「筑紫の日向の高千穂の久士布流多気《たけ》に天降ります」とあり、この『古事記』の記録に基づいて国ゆずり、天孫降臨に基づいた神々が祀られています。

このことを幣立神宮の記録では、次のように残してあります。

「ニニギノ尊は天照大神の神勅を以て、高天原より日向高千穂の久士布流滝に天降りになり、天の位にお就きになります。お付きの神々はここに集まり、この後の弥栄《いやさか》をお祈りします。これよりこの峯を高天原地と言い、大君の御殿を高天原という慣わしとなります（皇居のことを高天原と言うのは、これに由来します）。

お付きの神々（諸神）等は尊の命《めい》により、御殿に集まり櫛《くじ》を觸《ふ》り、諸神の任地をお決めになりました」

「くじふるの宮」というのはこれに由来します。

このくじによって、諸神たちは次のように任地が決まりました。

天児屋根命《あめのこやねのみこと》は高天原の日の宮（現・幣立神宮）に、猿田彦命は五ッ瀬の川上に、王屋命《たまのやのみこと》は王屋に、天宇受女命《あめのうずめのみこと》は宮祇に、太玉命《ふとたまのみこと》は筑紫に、石凝留命《いしこりどめのみこと》は阿蘇に天降りました。

この神事により天児屋根命は日の大宮（幣立神宮）に鎮まり、高天原をお守りになることとなりました。境内社・東の宮の御祭神として鎮座されています。

四月四日は天児屋根命の祭日です。

東の宮の御祭神は天児屋根命（あめのこやねのみこと）

西の宮には日子八井命（ひこやいのみこと）が祭られている

その子孫の一人であった吉田明正大人のグループに例年御参拝いただいています。西の宮には日子八井命《ひこやいのみこと》が祭られています（カラー十四ページ参照）。

日子八井命は神武天皇の第一子で、神武天皇ご東遷《とうせん》のおり、高天原を守るために一人この地にご滞在になり、この国の行く末を、高天原の神々にお守りいただくようにご守護されたことが推測できます。

阿蘇の神話に、阿蘇開拓の神・神武天皇の御孫健磐竜命《たけいわたつのみこと》は阿蘇にお入りになる前に、「日子八井命がお守りになる高天原日の大宮にて、御幣を立てて天神地祇を祭った」とあります。

神武天皇の故郷をお守りになる神とのお約束の後、草部吉見（熊本県阿蘇郡高森町）にお進みになり、阿蘇の開拓が始まったとあります。

以後、日の大宮（日の宮）幣立神宮と称すとあります。

なお、草部吉見《くさかべよしみ》神社（熊本県阿蘇郡高森町草部）の境内に接する一角に、日子八井命の御陵墓が現存します。草部神社は、日本三大下り宮として崇敬を集めています。

歴史を目で確かめられる貴重な存在です。

生き続けている天孫降臨／大嘗祭に供える水が語る

神社にお仕えする神職は目にしている者がほとんどですが、一般に人々の間に目にされることのない、歴史上重要な記録が残っています。

康治元年（一一四二年）、第七十六代近衛天皇の御代、大嘗祭に奉仕する天児屋根命の子孫である中臣《なかとみ》氏が奏上した賀詞《がし》（祝いの言葉）のことです。

この中で前半に奏上される、**大嘗祭に供える水の部分が、時空を超えて受け継がれる歴史の源流そのもので、日本人として記憶に留めたいと思います。**

読みづらい文章ですが、その一部を転記します。目を通してください。

中《なか》臣《とみの》壽《よ》詞《ごと》（大倉精神文化研究所　昭和十一年発行『神典』より）

現御神《あきつみかみ》と大《おほ》八《や》嶋國《しまぐに》所知食《しろしめ》す大倭根子天皇《おほやまとねこのすめらみこと》（近衛天皇のこと　※筆者注）が御前《みまへ》に、

天神《あまつかみ》乃《の》壽詞《よごと》を稱辭定《たたへごとさだ》め奉《まつ》らくと申《まを》す。高天原《たかまのはら》に神留《かむづま》り坐《ま》す皇親神漏岐神漏美《すめむつかむろぎかむろみ》の命《みこと》を持ちて、八百萬《やほよろず》の神等《かむたち》を集《つど》へ賜《たま》ひて、皇孫尊《すめみまのみこと》は、高天原に事始めて、豊葦原《とよあしはら》の瑞穂《みづほ》の国を安国《やすくに》と平《たひら》けく所知食《しろしめ》して、天都日嗣《あまつひつぎ》の天都高御座《あまつたかみくら》に御坐《おほましま》して、天都御膳《あまつみけ》の長御膳《ながみけ》の遠御膳《とほみけ》と、千秋《ちあき》の五百秋《いほあき》に、瑞穂を平《たひら》けく安けく、由庭《ゆには》に所知食《しろしめ》せと、事依《ことよさ》し奉りて、天降《あまくだ》し坐《ま》しし後《のち》に、中臣《なかとみ》の遠《とほ》つ祖《おや》　天児屋根命《あめのこやねのみこと》、皇御孫尊《すめみまのみこと》の御前《みまへ》に、仕《つか》へ奉《まつ》りて、天忍雲根神《あめのおしくもねのかみ》を天《あめ》の二上《ふたかみ》に上《のぼ》せ奉りて、神漏岐神漏美命《かむろぎかむろみのみこと》の前《みまへ》に、受け給り申すに、皇御孫尊《すめみまのみこと》の御膳都水《みけつみづ》は、宇都志国《うつしくに》の水に、天都水《あまつみづ》を加へて奉《たてまつ》らむと申せと、事教《ことをし》へ給《たま》ひしに依《よ》りて、天忍雲根神《あめのおしくもねのかみ》、天《あめ》の浮雲《うきぐも》に乗りて、天の二上《ふたかみ》に上《のぼ》り坐《ま》して、神漏岐神漏美命《かむろぎかむろみのみこと》の前《みまへ》に申せば、天《あめ》の玉櫛《たまぐし》を事依《ことよさ》し奉《まつ》りて、此《こ》の玉櫛を刺立《さした》て、夕日より朝日照るに至るまで、天都詔戸《あまつのりと》の太詔刀言《ふとのりとごと》を以《もち》て告《の》れ。如此《かくの》告らば、麻知《まち》は、弱蒜《わかひる》に由都五百篁《ゆついほたかむら》生《お》い出《い》でむ。其《そ》の下《しも》より天《あめ》の八井《やゐ》出でむ。此を持ちて、天都水《あまつみづ》と所聞食《きこしめ》せと、事依《ことよさ》し奉りき。

以下中略（大嘗祭のお供えについてのことば）

天皇《すめら》が朝廷《みかど》に仕へ奉る親王等《みこたち》・王等《おほきみたち》・諸臣《おみたち》・百官人等《もものつかさのひとたち》・天下四方國《あめのしたよものくに》の百姓《おほみたから》諸諸《もろもろ》

集侍《うごな》はりて、見食《みた》べ、尊《たふと》み食べ、歡《よろこ》び食べ、聞き食べ、天皇《すめら》が朝廷《みかど》に、茂世《いかしみよ》に、八桑枝《やくはえ》の立榮《たちさか》え仕へ奉るべき壽《ほぎごと》を、所聞食《きこしめ》せと、恐《かしこ》み恐みも申し給《たま》はくと申す。

この中に流れている文脈は、天孫降臨の精神を「水」という触媒を通して、絶えることのない確かな歴史として伝えてくれています。

幣立神宮の境内に立つと、この様子が自然と浮かんできます。

人と自然と歴史が一体となって、身に押し寄せてきます。

大嘗祭に供える神酒をはじめ、いろいろな供え物を調理する水は、高天原の水を加えることで歴史の源流が大河となって今日に流れ続けている証を、この短い壽詞の中に綴り続けられたのでしょう。

「皇御孫尊《すめみまのみこと》の御膳都水《みけつみづ》は、宇都志国《うつしくに》の水に、天都水《あまつみづ》を加へて奉《たてまつ》らむと申せと、事教《ことをし》へ給《たま》ひしに依《よ》りて」

と、この中にすべてが語られています。

また、最後に民も皆集まって、一緒に直会《なおらい》を楽しもうという隔てのない皇室と人々の美しい関係が描かれています。

私たちはある意図を持った歴史学者や教育に携わるリーダーによって、真実に触れることなく戦後を過ごしてきました。

このように作り上げられた物語が、学校教育を通してあたかも真実のように刷り込まれていく現在の状況は、神話や歴史にとって不幸な時代と言えるでしょう。

我が国の、世界に比類なき天皇と人々によって醸成されてきた和の文化、すなわち、力によって奪い取る大陸の歴史とは異なる和合の精神に思いを馳せることが、真の歴史教育なのではないでしょうか。

百姓《おほみたから》諸諸《もろもろ》集侍《うごな》はりて、見《み》食《た》べ、尊《たふと》み食べ、歓《よろこ》び食べ、聞き食べ、天皇《すめら》が朝廷《みかど》に、
八桑枝《やくはえ》立榮《たちさか》え仕へ奉るべき壽《ほぎごと》を、所聞食《きこしめ》せと、恐《かしこ》み恐み申し給《たま》はくと申す。

平成の天皇陛下も、歴史に倣《なら》い多くの人々と「見食べ、尊み食べ、歓び食べ、聞き食べ」、人々の幸せと安寧をお祈りになったことは、多くの映像の中に収められています。

日本列島に受け継がれた縄文人の子孫／神の遺伝子を持つ日本人

『ＤＮＡでわかった日本人のルーツ』（斎藤成也教授監修、別冊宝島２４０３）を読んで、私が今まで漠然と思っていたことが、最先端科学によって明らかにされてきました。日本人は神の遺伝子を受け継いだ、縄文由来の子孫であることが証明されました。

同著には、「縄文人が日本人の祖先だ！　日本列島人の遺伝的特徴は際だっている。地理的に近く、少なからず交流のあった中国や朝鮮半島の人々とかなり異なった特徴を持っているのは、当時の移動手段による特質から、日本列島が大陸・半島から隔絶していたという地理的条件が遺伝的差異を形成したものだ」と述べられています。

一方、言語からみても、大陸と日本は大きな差異があります。南北アメリカの言語の共通性は、コロンブスが一四九二年にカリブ海の島々に上陸して以降、ポルトガルやスペインの征服者によって、支配者の言語に染められました。

またアメリカはイギリス派生の英語であり、ヨーロッパはラテン語の変化だと言われています。

アジアは植民地として支配され、すべてが塗り替えられる前に独立を果たしたことにより、独自の言語・文化を消し去ることなく今があります。

日本においては、恐らく神代の時代から日本語（国語）を使っていたでありましょう。奈良時代に書かれた『古事記』や『万葉集』が日本語で書かれていることは、その裏付けではないでしょうか。

ただヨーロッパのノルウェーからポルトガルくらいの長さの日本列島ですので、地域によって独自の方言が生まれていますが、言語の骨組みは一貫しています。

天皇と神道が遥か縄文の世から続いていることは、先端科学や受け継いだ文化、言葉の中から自明のことでありましょう。

この神道に仏教が新しい息吹を吹き込み、気高い文化を生み出し育てていったことは、歴史の節々に現れています。

平安時代には、かな文字が女性たちの間に使われだしました。

奈良時代に一般的になった漢字による記述は、多くの労力が必要なことと、難解さがありましたが、かな文字によって日常的に使っている国語（日本語）として表現が平易になり、多くの女性たちが日記にしたり、情報交換の機会を得ていったことが容易に理解できます。

これは、一貫して、言葉を奪われた歴史がない、民族の継続性によるものでしょう。

神武天皇の御東遷と天孫降臨

『古事記』に御東遷のはじめについて、次のようにあります。

神倭伊波禮毘古命《かむやまといはれびこのみこと》、其《そ》の伊呂兄五瀬命《いろせいつせのみこと》と二柱《ふたはしら》、高千穂宮《たかちほのみや》に坐《ま》しまして議《はか》りたまはく、何《いづ》れの地《ところ》に坐《ま》さばか、天下《あめのした》の政《まつりごと》をば平《たひら》けく聞看《きこしめ》さむ。猶《なほ》東《ひむがし》のかたにこそ行《い》でまさめ、とのりたまひて、即《すなは》ち日向《ひむか》より發《た》たして、筑紫《つくし》に幸行《い》でましき。

『古事記』の書き出しは高千穂宮と日向の地から始まっています。

神倭伊波禮毘古命《かむやまといはれびこのみこと》は神武天皇のことです。

先述した「日向の国の風土記に曰く、臼杵の郡の内、智舗の郷」と照らし合わせると、単なる架空の物語ではなく、歴史の大きな流れを貫いていることが、浮かび上がってきます。

ここでいう高千穂宮とは、今日の幣立神宮であることは明確です。

『日本書紀』には表現が異なりますが、御東遷の意義を詳しく述べてあります。

『日本書紀全訳』（平成二十一年〈二〇〇九年四月〉ほおずき書籍・宮澤豊穂訳）より転記します。

「昔、我が天神高皇産霊尊《あまつかみたかみむすひのみこと》・大日孁尊《おおひるめのみこと》（天照大神のこと）は、この豊葦原瑞穂国《とよあしはらのみづほのくに》をすべて、我が天孫の彦火瓊瓊杵尊《ひこほのににぎのみこと》にお授けになった。火瓊瓊杵尊《ほのににぎのみこと》は、天の門を押し開き、雲路を押し分け、先払いの神を行かせて地上に天降られた。

この時、世は太古に属し草創の時期で、闇のような状態であった。その暗い世の中にあって、自ら正しい道を養われ、この西の果ての地をお治《おさ》めになった。

皇祖や皇父も、神にして聖であり、慶事を積み瑞祥《ずいしょう》を重ねて多くの年月を経た。

天孫が降臨されてから今日まで、百七十九万二千四百七十余年である。

遠くはるかな國は、今なお皇恩の浴していない。大きな村には君がおり、小さな村には長がいて、それぞれ境界を区切り、互いに攻争している。（略）

東方に美しい國があり、四方を青山が囲んでいる。（略）その國は必ず天つ日嗣の大業を弘め、天下に君臨するのに十分な土地である」

『日本書紀』は天孫降臨の大業をさらに東に広め、自ら正しい道を養い、国を治められた先祖に学ぶことを告げられています。

これが神武天皇の国を治める根本精神であることが理解できます。

ヤマトにご出発なされた後、『古事記』も『日本書紀』も海路をたどって東征につかれます。なぜなら、当時の陸路は危険が多く、食糧補給もままなりません。

また自然環境も陸路は山・川・谷など旅を阻《はば》むものにあふれています。

海を渡り寄港地では土地のリーダーと交流を重ねたりしながら、天孫降臨の本義を東へ東へと広げて行かれたことでしょう。

恐らく稲作の指導と国づくりの志を語り、リーダーたちの共感を得て、目的地にお着きになったに違いありません。


神武天皇は西の方からヤマトへ向かわれたことは、「伊勢国風土記の逸文」にも書いてあります。

伊勢国風土記に曰く（大倉精神文化研究所『神典』）

「それ伊勢国は天御中主尊《あめのみなかぬしのみこと》の十二世の孫《ひこ》、天日別命《あめのひわきのみこと》の平《ことむ》け治《をさ》めたまひし所なり。

天日別命は、神倭磐余彦天皇《かむやまといはれひこのすめらみこと》（神武天皇）の彼の西宮《にしのみや》より此の東州《ひがしのくに》を征ちたまひし時、天皇に随《したが》ひて、紀伊國の、熊野村に到りき。」

とあります。

神の遺伝子を持った縄文由来の天孫族が、西の国・日向の高千穂宮から、国づくりの旅路が始まったことは、いろんな角度から納得のいくものです。

かくしてわが国（日本）の原型がつくられていきました。

私たちの祖先は外来の倭（ヤマト）を後に「大和」と表し、また「日本」と書いて「ヤマト」と表現するようになります。

古墳時代といわれる社会がつくられました。

「歴史に学ぶ」とは何か

令和になって間もない二〇一九年七月六日、大阪府の百舌鳥《もず》・古市古墳群が、世界文化遺産に登録されました。

中でも日本最大の前方後円墳に祭られている第十六代仁徳天皇は、民のための善政を敷かれたと、その話を子供の頃から母に聞かされていました。

長い間ほとんど意識しないまま過ごしていましたが、平成二十七年（二〇一五年）二月の終わり、ためていた新聞に目を通していたら、驚くような内容の記事が目につきました。


要約すると次の通りです。

「愛知県の中学の校長が、建国記念の日を前にして朝礼で〝日本の起源〟について話し、学校のホームページ上のブログに、神話に基づく日本建国の由来などに触れながら〝自国に誇りを持ちましょう〟という内容の文章を載せた。

しかし、教育委員会から〝神話を史実のように断定的に書いている〟という注意を受け、ブログ内容を削除していたことがわかった。この内容は削除しなければならなかったのか」と、こういうことでした。

この内容を知りたくてパソコンで検索したところ、すでにそれは多くの人の関心事になっていて、そのコピーが巷《ちまた》にあふれていました。

重要なことなので、その全文を転記します。

「二月十一日は建国記念の日です。そこで、今日は日本のルーツ、日本の起源について、お話ししたいと思います。

日本の建国は、今から二六七五年前の紀元前六六〇年二月十一日、初代、神武天皇が即位した日が始まりです。

世界一広いお墓、大山古墳で有名な、十六代仁徳天皇が、ある日高台に登って遠くをご覧になられました。すると人々の家からは、食事の準備のために煮炊きする煙が少しも上がっていないことに気づいたのです。

『仁徳天皇は、民のかまどより煙が立たないのは、貧しくて炊くものがないのではないか。都がこうだから、地方はなおひどいことであろう』

と仰せられ、三年間税を免除されました。

税を免除したために朝廷の収入はなくなり、宮殿は大いに荒れました。天皇は衣を新調されず、茅葺屋根は破れ、雨漏りがして、星の光が屋根の隙間から見えるという有様でした。

三年がたって、仁徳天皇が同じ高台に出られて、遠くをご覧になると今度は、人々の家々から煮炊きする煙が盛んに立つのをご覧になり、その時、仁徳天皇はこのようにいわれたということです。

『高き屋に　のぼりて見れば煙立つ　民のかまどは賑わいにけり』

そして、一緒におられた皇后に『私は豊かになった。喜ばしいことだ』とおっしゃったということです。

皇后はそれを聞いて『陛下は変なことをおっしゃいますね。衣服には穴が開き、屋根が破れているのに、どうして豊かになったといえるのですか』

すると『国とは民が根本である。その民が豊かでいるのだから、私も豊かということだ』と言われ、天皇は引き続き、さらに三年間、税をとることをお許しにならず、六年が経過して、やっと税を課して、宮殿の修理をお許しになりました。

すると人々は命令もされていないのに、進んで宮殿の修理をはじめ、またたく間に立派な宮殿が出来上がったといいます。

この話は神話であり、作り話であるという説もあります。

しかし、こうした神話こそが、その国の国柄を示しているともいえるのです。

こうした天皇と国民の関係性は、何も仁徳天皇に限ったことではありません。

敗戦直後の昭和二十年（一九四五年）九月二十七日、一二四代昭和天皇はマッカーサーと会見をしました。そしてその会見で、昭和天皇はこのようにマッカーサーに話したのです。

『今回の戦争の責任はすべてじぶんにあるのであるから、東郷や重光らを罰せず、私を罰してほしい。ただし、このままでは罪のない国民に、多数の餓死者が出る恐れがあるから、ぜひ食糧援助をお願いしたい。ここに皇室財産の有価証券類をまとめて持参したので、その費用の一部に充ててほしい』と述べたのでした。

それまで、天皇陛下が、多くの国王のように、命乞いに来たのだろうと考えていたマッカーサー元帥は、この言葉を聞いて、やおら立ち上がり、陛下の前に進み、抱きつかんばかりにして陛下の手を握り、『私は初めて神のごとき帝王を見た』と述べて、陛下のお帰りの際は、マッカーサー自らが出口まで見送りの礼をとったのです。

このように、初代、神武天皇以来二六七五年に亘り、我が国は日本型の民主主義が穏やかに定着した世界で類を見ない国家です。

日本は先の太平洋戦争で、建国以来初めて負けました。しかし、だからと言ってアメリカから初めて民主主義を与えられたわけではありません。

また、革命で日本人同士が殺しあって民主主義を作ったわけでもありません。

古代の昔から、日本という国は、天皇陛下と民が心を一つにして暮らしてきた穏やかな民主主義精神に富んだ国家であったのです。

私たちは、日本や日本人のことを決して卑下する必要はありません。

皆さんは、世界一長い歴史と、素晴らしい伝統を持つこの国に誇りを持ち、世界や世界の人々に貢献できるよう、一生懸命勉強に励んで欲しいと思います」

この中学生たちは目を輝かせたことでしょう。

「この話は神話であり、作り話であるという説もあります。しかし、こうした神話こそが、その国の国柄を示しているともいえるのです」

この内容を史実として中学生にお話しされたわけではなく、先人の心のあり方を述べられたもので、このような心の積み重ねが、日本人的な道徳観を育んできたのでしょう。

歴史のどの側面に光を当てたらいいのか

世界の人々が驚きの目を見張った出来事がいくつかあります。

東日本大震災の後の若者たちの年老いた人たちへの気配り、食べ物を目の前にして奪い合うことのない姿勢は、略奪を常とする諸国の人々が驚きの声を上げていました。

また、サッカー試合後のサポーターたちによる会場のごみ拾いなど、日本人にとって特別なことでもなく、ごく自然のことですが、これこそが歴史の中で育まれた民族の精神文化です。

残念ながら、天皇と民（国民）とで紡いできた歴史をできるだけ薄め、いびつな日本という歴史観を植え付けようとしている歴史教育のようにしか見えないのは、偏見でしょうか。

先述のアーノルド・j・トインビーの言葉のように、日本人を滅びの方向に誘っているのが公的機関の歴史教育のように感じています。

人間学を学ぶ月刊誌『致知』で記憶に留めておきたい言葉があります。

鍵山秀三郎《かぎやまひでさぶろう》の提言

「日本は不思議な国だ。世界中自国の歴史を誇りにし、そのために歴史を改ざんする国も少なくないが、我が国は、歴史を歪め改ざんさせられ、母国を貶めている」

母国を貶めることを、歴史は科学という言葉で正当化する歴史学者の言葉を幾度となく耳にしました。

なぜ、このような先人の心を意図的に消し去ろうとするのでしょうか。

世界遺産に登録された仁徳天皇御陵を、単なる墳墓として処理する歴史ではなく、その中に祀られている先人の思いを、歴史の中に蘇らせることが、誇り高く生きる青少年教育に必要なことではないでしょうか。

歴史に学ぶと言います。

歴史のどの側面に光を当てたら、若い力が芽を出し、力強く育っていくか見直すときが来ています。

大祓詞は日本文化の源流／罪・穢れの本当の意味

近頃、大祓詞《おおはらへのことば》を唱える人が増えています。

「運気が良くなる」といって大きな声で奏上されているそうです。何より日本語を腹の底から声に出すのは、気持ちのいいものです。

大祓詞は中臣氏が代々受け持って奏上したことから、中臣祓詞《なかとみのはらへのことば》ともいい、中臣氏は天孫降臨に付き人としてお供をした、天児屋根命の子孫の一族です。

平安期には六月の晦日《みそか》と十二月の大晦日《おおみそか》に行われる大祓いで、不可抗力によって犯した罪、穢《けが》れを神の力によって祓い清め、清々しい姿で世事に尽くしていくための神道の儀式に奏上する言葉として記録にあります。

今日でもこれを踏襲し、全国の神社で奏上しています。

その内容は、前段では、天孫降臨の歴史にあるように、瓊々杵尊が高天原から葦原中つ国に天降りされてからの、国づくりの過程が述べられ、後段は、その過程で**不可抗力により積み重ねた諸々の罪・穢れを祓い清め、再び清々しい心で仕事に励んでいくことを神々に報告し、誓いを立てること**であろうと思っています。

今日では、汚いという意味で穢れを解釈してしまいがちですが、本来の穢れの意味はこれと全く異なるものです。

わが国（日本）の源流として流れる神道では、罪・穢れについて特別な思いがあります。罪と穢れは一体のもので、不可分一体です。

罪には二通りあります。

祓ってもらえる罪と、償う罪です。

償う罪は所謂《いわゆる》犯罪です。
祝詞の罪とは、何を指しているのでしょう。
天孫降臨により、国づくりを整わせるため、付き人たちが一生懸命働きます。
このことを祝詞では次のように表現されています。

天孫降臨によって、国づくりができたこととそれにかかわる人々のことを、

「國中《くぬち》に成《な》り出《い》でむ天《あめ》の益人等《ますひとら》が　過ち犯しけむ種種《くさぐさ》の罪事《つみごと》は　天《あま》つ罪　國《くに》つ罪
許許太久《ここだく》の罪出でむ」

　と表してあります。
「天の益人等《ますひとら》」とは、天孫の意を実現するために集まってきた人たちのことで、それぞれが働くことによって、不可抗力の罪、例えば自然を切り開き、土を掘り育てた米や野菜を収穫していく過程で命をいただき、自然の形を変えていく行為を、「罪を犯す」という認識であったと思います。

今から二十年ほど前、札幌市で土建業を営んでおられた社長さんが、幣立神宮にお見えになり、

「大地は神様ですから、日々神様に手をかけています。今日は大神様にお許しと、その罪を祓っていただこうと思って、九州のこの地に参りました」

とおっしゃいました。

まさに「天の益人」の「犯しけむ」罪であり、元の姿の変化を受け身の姿で気が枯れるという、気枯（穢れ）の意識をもって、これが天の益人に災いとならないように、天皇の祈りとなったのが大祓いです。

また、穢れには**病気になって弱っていく姿や、命が乏しくなっていく姿を「気が枯れる」（けがれ）と表現し、気を取り戻すために大祓詞を奏上したりしました。**

大祓詞の後半は、罪穢れを身体から取り払い、川で運び海の力で清らかになって、自然の循環と人の活力を繰り返していく様子が、目に浮かぶように表現されています。

大祓詞は繰り返し唱えることで、意味が浮かんでいき、力が漲《みなぎ》ってきます。

わが国（日本）は太古より、天皇を中心とした民主の国を目指していました

わが国は歴史始まって以来、民主の国だったことは、天皇と民（国民）とで重ねた大きな流れを見ていけば一目瞭然です。

天孫降臨に始まって、神武天皇の御即位の御言葉、仁徳天皇と農民たちのかまどの煙の話、聖徳太子の十七条の憲法、明治天皇の五箇条の御誓文と、一貫した流れはこのことを裏付けています。

記紀（『古事記』、『日本書紀』）は、奈良時代に天皇の権威づけのために書かれた歴史物語という説があることは承知しています。といっても、これが記録された時代は奈良時代ということに驚きを隠せません。およそ一三〇〇年前です。

現在の目で見ては、この本質が見えません。

「記紀の内容は改ざんされている」という学者の説もあります。それでもこの時代の

皇室関係者の主要な思想が盛り込まれていることは確かなことです。

さらにこの時代に記録されたものが、現在まで写本とはいえ現物に近い形で残っていることのすごさを、感じないわけにはいきません。

もっとすごいことは、現在に至るまで天皇の精神が受け継がれ、皇室の姿を継承していることです。この姿に国民は一体感を以て敬慕しているのです。

幸運なことに、日本は西洋や大陸と異なり、ペリーの来航まで元寇をのぞけば実質的には外国との攻防がなく、独自の文化を育むことができました。

独自の発展をしたことが、他国と比べて素晴らしいということではありません。

どこの国もそれぞれの発展過程を持ち、誇り高い国民の姿が育っています。国の歴史は他国と比較するものではなく、それぞれの国の独自の発展過程を誇りにしています。

わが国の歴史には、どの時代にも一貫してそれを支える骨格のようなものがあります。

それは、天皇の御存在と神道です。

神道を源流として仏教が流れに加わり、ヨーロッパの大航海時代を経て、わが国にも鉄砲が入り、キリスト教が加わってきました。多少の確執はありましたが、これで歴史の骨格が変わることはありませんでした。

令和二年（二〇二〇年）からおよそ一七〇年前、突如国際社会に巻き込まれました。当時の狂歌に、〝泰平の眠りを覚ます上喜撰　たった四杯で夜も寝られず〟というのがあります。

浦賀にやってきた黒船に右往左往する様子を風刺したものですが、それからの日本はそれまでと一変した道をたどることになります。

否応なく、乱の時代に足を踏み入れました。

第三章

甦れ、日本の心

聖徳太子の「十七条の憲法」には、今に通じるすべてが書かれています

神武天皇の遷都の言葉と仁徳天皇の御心を文章にしたのが、聖徳太子の「十七条の憲法」です。

推古十二年（六〇四年）に、聖徳太子が作ったとされています。

官僚や貴族に対する道徳的な規範が示され、役人に対する戒めが主要な内容になっています。

第一条はよく知られた言葉ですが、その真意を知る者は案外少ないように思います。

この中で第一条と第九条、第十七条が役人の人間性に触れ、行政上の判断の仕方を述べています。役人の公平性を特に重視していることが分かります。

ほとんどの日本人は第一条の「和をもって貴《とうと》しとなす」しか頭にありませんが、その後に、「人間はいろいろなグループがあって利害関係がある」と書いてあるのです。

「権力者は押しつけてはダメだ、まずはみんなで話し合いましょう。一致したら、ゴネないでみんなでやりましょう」と書いてあります。

それが「和」なのです。

一番最後の第十七条にも、みんなで話し合って物事を決めようと書いてあります。

これを簡単に言うと、「和をもって貴しとなす」なのです。

第二条から第十六条までは、基本的には「役人の心構え」について書いてあります。

役人が悪いことをしないように考え方をお示しになっています。

読み下し文にしていますので、ゆっくり読んでみてください。

十七条の憲法（読み下し文）

第一条

一に曰く、和をもって貴《とうと》しとなし、忤《さから》うことなきを宗《むね》とせよ。人みな党あり、また達《さと》れる者少なし。ここをもって、あるいは君父に順《したが》わず、また隣里に違《たが》う。しかれども、上和《かみやわ》らぎ下睦《しもむつ》びて、事を論《あげつら》うに諧《かな》うときは、すなわち事理おのずから通ず。何事か成らざらん。

人と争うことなく和を大切にしましょう。

第二条

二に曰く、篤《あつ》く三宝《さんぽう》を敬え。三宝とは仏と法と僧となり、すなわち四生《ししょう》の終帰、万国の極宗《ごくしゅう》なり。いずれの世、いずれの人かこの法を貴ばざる。人はなはだ悪しきもの鮮《すく》なし、よく教うれば従う。それ三宝に帰せずんば、何をもってか枉《まが》れるを直《ただ》さん。

三宝を深く尊敬しましょう。

第三条

三に曰く、詔《みことのり》を承《う》けては必ず謹《つつし》め。君をばすなわち天とし、臣をばすなわち地とす。天覆《おお》い、地載せて四時《しじ》順行し、万気《ばんき》通うことを得《う》。地、天を覆わんと欲するときは、すなわち壊《やぶ》るることを致さむのみ。ここをもって、君言《のたま》えば臣承り、上行なえば下靡《なび》く。ゆえに詔を承けては必ず謹め。謹まずんば、おのずから敗れん。

天皇の命令はしっかりと聞きましょう。

第四条

四に曰く、群卿百寮《ぐんけいひやくりよう》、礼をもって本《もと》とせよ。それ民を治むるの本は、かならず礼にあり。上礼なきときは、下斉《ととの》わず、下礼なきときは、もってかならず罪あり。ここをもって、群臣礼あるときは位次《いじ》乱れず。百姓《ひやくせい》礼あるときは国家おのずから治まる。

礼義を大切にしましょう。

第五条

五に曰く、餮（あじわいのむさぼり）を絶ち、欲（たからのほしみ）を棄《す》てて、明らかに訴訟を弁《わきま》えよ。それ百姓の訟《うつたえ》、一日に千事あり。一日すらなお爾《しか》り、いわんや歳を累《かさ》ぬるをや。このごろ、訟を治むる者、利を得るを常となし、賄《まいない》を見てことわりを聴く。すなわち、財のあるものの訟は、石を水に投ぐるがごとく、乏しきものの訴は、水を石に投ぐるに似たり。ここをもって、貧しき民はすなわち由《よ》る所を知らず。臣の道またここに闕《か》く。

賄路をやめて、公明正大な判決を行いましょう。

第六条

六に曰く、悪を懲《こ》らし善を勧《すす》むるは、古《いにしえ》の良き典《のり》なり。ここをもって人の善を匿《かく》すことなく、悪を見てはかならず匡《ただ》せ。それ諂《へつら》い許《あざむ》く者は、すなわち国家を覆《くつがえ》す利器《りき》たり、人民を絶つ鋒剣《ほうけん》たり。また佞《かたま》しく媚《こ》ぶる者は、上《かみ》に対してはすなわち好んで下《しも》の過《あやまち》を説き、下に逢いてはすなわち上の失《あやまち》を誹謗《そし》る。それ、それかくの如きの人は、みな君に忠なく、民に仁なし。これ大乱の本なり。

悪いことは正し、良いことをどんどんしましょう。

第七条

七に曰く、人おのおの任あり。掌《つかさど》ること宜《よろ》しく濫《みだ》れざるべし。それ賢哲《けんてつ》官に任ずるときは、頌《ほ》むる音《こえ》すなわち起こり、奸者《かんじゃ》官を有《たも》つときは、禍乱《からん》すなわち繁《しげ》し。世に生まれながら知るもの少なし、よく念《おも》いて聖《ひじり》となる。事、大少となく、人を得て必ず治まり、時に急緩となく、賢に遇《あ》いておのずから寛《ゆたか》なり。これによって、国家永久にして、社稷《しゃしょく》危うきことなし。故に古《いにしえ》の聖王は、官のために人を求め、人のために官を求めず。

仕事は適材適所が大切です。

第八条

八に曰く、群卿百寮、早く朝《まい》りて晏《おそ》く退け。公事もうきことなし、終日にも尽くしがたし。ここをもって、遅く朝れば急なるに逮《およ》ばず。早く退けば事尽くさず。

サボらず早朝から夜遅くまで一生懸命働きましょう。

第九条

九に曰く、信はこれ義の本《もと》なり。事ごとに信あれ。それ善悪成敗はかならず信にあり。群臣ともに信あるときは、何事か成らざらん。群臣信なきときは、万事ことごとく敗れん。

お互いを疑うことなく信じ合いましょう。

第十条

十に曰く、忿（こころのいかり）を絶ち、瞋（おもてのいかり）を棄て、人の違《たが》うを怒らざれ。人みな心あり、心おのおの執《と》るところあり。かれ是《ぜ》とすればすなわちわれは非とす。われ是とすればすなわちかれは非とす。われかならずしも聖なるにあらず。かれかならずしも愚なるにあらず。ともにこれ凡夫のみ。是非の理《ことわり》なんぞよく定むべき。あいともに賢愚なること、鐶《みみがね》の端なきがごとし。ここをもって、かの人は瞋《いか》るといえども、かえってわが失《あやまち》を恐れよ。われひとり得たりといえども、衆に従いて同じく挙《おこな》え。

他人と意見が異なっても、怒ってはいけません。

第十一条

十一に曰く、功過《こうか》を明らかに察して、賞罰をかならず当てよ。このごろ賞は功においてせず、罰は罪においてせず、事を執る群卿、賞罰を明らかにすべし。

人を評価するときは功績も過ちも明確にして、賞罰を与えましょう。

第十二条

十二に曰く、国司・国造、百姓に斂《おさ》めとることなかれ。国に二君なく、民に両主なし。率土《そつど》の兆民は王をもって主《あるじ》となす。任ずる所の官司《かんじ》はみなこれ王の臣なり。何ぞ公《おおやけ》とともに百姓に賦斂《ふれん》せんや。

役人は勝手に民衆から税をとってはいけません。

第十三条

十三に曰く、もろもろの官に任ずる者、同じく職掌《しょくしょう》を知れ。あるいは病《やまい》し、あるいは使《つかい》して、事を闕《か》くことあらん。しかれども知ることを得《う》るの日には、和すること曽《かつ》てより識《し》れるがごとくせよ。それ与《あずか》り聞くことなしというをもって、公務を防《さまた》ぐることなかれ。

新しく仕事を任せられたら、前任者と同じように仕事を熟知するようにしましょう。

第十四条

十四に曰く、群臣百寮、嫉妬あることなかれ。われすでに人を嫉《ねた》めば、人またわれを嫉む。嫉妬の患《わずらい》、その極《きわまり》を知らず。ゆえに、智《ち》おのれに勝《まさ》るときは悦ばず、才おのれに優《まさ》るときはすなわち嫉妬《ねた》む。ここをもって、五百《いおとせ》にしていまし賢に遇うとも、千載《せんざい》にしてもってひとりの聖《ひじり》を持つことに難《かた》し。それ賢聖を得ざれば、何をもってか国を治めん。

嫉妬の心をお互いにもってはいけません。

第十五条

十五に曰く、私に背《そむ》きて公に向うは、これ臣の道なり。およそ人、私あればかならず恨《うら》みあり、憾《うら》みあればかならず同《ととのお》らず。同らざれば私をもって公を妨ぐ。憾みおこるときはすなわち制に違《たが》い、法を害《そこな》う。ゆえに初めの章に云わく、上下和諧《わかい》せよ。それまたこの情《こころ》なるか。

国のことを大事に思い、私利私欲に走ってはいけません。

第十六条

十六に曰く、民を使うに時をもってするは、古《いにしえ》の良き典《のり》なり。ゆえに、冬の月には間《いとま》あり、もって民を使うべし。春より秋に至るまでは、農桑《のうそう》の節《とき》なり。民を使うべからず。それ農《たつく》らざれば、何をか食らわん。桑とらざれば何をか服《き》ん。

人に物事を頼むときは、タイミングが大切です。

第十七条

十七に曰く、それ事はひとり断《さだ》むべからず。かならず衆とともによろしく論《あげつら》うべし。少事はこれ軽し。かならずしも衆とすべからず。ただ大事を論うに逮《およ》びては、もしは失《あやまち》あらんことを疑う。ゆえに衆とともに相弁《あいわきま》うるときは、辞《ことば》すなわち理《ことわり》を得ん。

大事なことは一人で決めずに、必ず皆と相談しましょう。

おおかたの人は「十七条憲法」の全文を読んだことがないのだと思います。中身を知らないから、第一条の「和をもって貴しとなす」とか、第二条の「篤く三宝を敬へ。三宝は仏と法と僧なり」ばかり頭にあって、「聖徳太子は仏法を広めた」というイメージしかありません。

聖徳太子は、役人天国に対する戒めをなさったと思います。

歴史は自分の目と心で見て、民族のエキスを感知することが最も大切です。

＊　＊　＊

日本人の物事に対する考え方が、十七条憲法の思想によるところが大なることは、社是や物事の決定過程を見ても明らかです。

民主主義は西洋からの輸入品と言いますが、イギリスの議院内閣制の獲得過程を見ても、血なまぐさい数々の事件の積み重ねの結果です。

聖徳太子のこの時代には、民主主義という言葉はありませんが、その思想は神武天皇の即位の言葉に出発点があることがうかがえます。

この流れが歴史の底流に流れ続けていることこそ、**人を主とする天皇と神道が生み出した文化です。**

「誇り高い日本であってほしい」という願いが込められた昭和天皇年頭詔書《しょうしょ》 昭和二十一年（一九四六年）

昭和二十一年（一九四六年）の元日は、日本中が焦土の中に迎えました。

私は当時小学二年生でした。

父は兵隊として出征し、祖母と母が家族を支えていました。

元日の朝は、年末から一転して静寂の中に迎えます。年が明けて通学を始めた頃から、天皇のいわゆる「人間宣言」の話題を耳にするようになりました。はっきり聞こえないラジオでしたが、その言葉は印象に残りました。

その後学校では、天皇を蔑むような話を聞いた記憶があります。

これに疑問を持ち始めたのは、神社でお勤めするようになってからです。神社の神主たちは、戦前戦後変わらず、一貫した目で天皇に接し、日本を理解してきました。

私はこの詔勅《しょうちょく》の内容を読んで、人間宣言とはマスコミの印象操作による産物であることに気づきました。その中身は「日本は明治以来、民主主義だ」、日本人や国際社会に対し「誇り高い日本であってほしい」という願いを込めたお言葉であったのです。

内容は次の通りです。

顧みれば明治天皇が明治のはじめにあって、国の方針として五箇条の御誓文を賜った。

曰く、

一、廣く会議を興し萬機《ばんき》公論《こうろん》ニ決スヘシ

一、上下心ヲ一《いつ》ニシテ盛《さかん》ニ経綸《けいりん》を行フヘシ

一、官武《かんぶ》一途《いっと》庶民《しょみん》ニ至ル迄《まで》、各其《おのおのそ》ノ志ヲ遂《と》ケ、人心《じんしん》ヲシテ倦《う》マサラシメンコトヲ要ス

一、旧来ノ陋習《ろうしゅう》ヲ破リ、天地《あめつち》ノ公道ニ基《もとづ》クヘシ

一、知識ヲ世界ニ求メ、大《おおい》ニ皇基《こうき》ヲ振起《しんき》スヘシ

我が国は、未だかってない変革を為そうとしている。私自らが率先して、天地神明に誓って、このような国是を定め、万民保全の道に立つので、国民もこの趣旨に基づき、一致団結して努力してほしい。

という内容でした。これに続き、

私と国民との結びつきは、相互の信頼と敬愛によるもので、神話や伝説によって生まれたものではない。天皇を現御神《あきつみかみ》とし、日本国民を他の民族より優れたものとみなして、世界を支配するという架空の観念に基づくものではない。

と述べられています。

本来は、日本は明治以来民主主義だ、ということを国民に知らしめ、プライドを持っ

てほしいという趣旨のお言葉でしたが、マスコミが小躍りして「人間宣言」と発表したのでした。

『昭和天皇独白録』

昭和天皇が戦中の出来事を回想した『昭和天皇独白録』というのがあることが分かりました。側近が記録し、まとめたものらしいということでした。

なぜかこの原本がニューヨークで競売にかけられたのを、美容外科クリニックの高須克弥院長が落札し、日本に持ち帰ったことが報道されました。

『独白録』から、歴史を見る上で特に重要な部分を記します。

「大東亜戦争の遠因……この（大東亜戦争）の遠因を尋ねれば、遠く第一次大戦後の平和条約の内容に伏在している。日本の主張した人種平等案は列国の容認するところならず、黄白の差別観は依然として残存し……かかる国民的憤慨を背景として一度軍が立ち上がった時に、これを抑えることは容易なことではない。

日本は明治維新以来、急速な近代化により列国の植民地支配を免れたが、白色種の世界最強国を相手にした日露戦争の勝利によって、望むと望まざるにかかわらず有色人種の希望の星となった。

大正八年（一九一九年）二月、第一次大戦後のパリ講和会議の際、人種差別撤廃を案じたが国際連盟は人種平等案を否決した」

国際連盟委員会の採決の結果は、十一対五で人種平等案は賛成多数であったが、議長のアメリカ大統領ウッドロー・ウイルソンが全会一致でない理由で否決しました。

これは昭和天皇の独白として記しましたが、天皇の言葉を借りなくても歴史の事実として国際的にも認められているものです。

歴史を見るとき、パールハーバーから見るのか、一年前から見るのか、五〇年前から見るのかで全く違った見え方があります。

日露戦争前の白色国以外で独立を得ていた国はわずかです。日本と朝鮮国、シャム（今日のタイ）などを数えるのみです。

ユダヤが示す日本の尊さ

平成十一年（一九九九年）八月、ヘブライ大学聖書学部長のシャロン・ポール教授との対話が思い出されます。

教授との出会いは、日本とユダヤの対話という企画に日本側の神主として参加し、案内させていただいたことに始まります。

これは予期しない突然のことでしたが、企画の相談を受けていた人が、「神社界に相談したが、よい返答をいただけなかった」ということで、私に声がかかったのです。ピンチヒッターみたいなものでした。

その当時、ユダヤと日本をテーマにした本が話題になっていました。

ユダヤ人は自由と水と空気は常に高いコストを払って手に入れているが、日本人は自由と水と空気はただである、といった論調の本でした。

ユダヤ人は約二〇〇〇年間、国を持たず世界のあちこちで、いじめられたり虐殺されたりしながら、ユダヤ教という共通の信仰を持つことによって、どこにいてもユダヤ人であることを自覚して、今日に至ったということでした。

「ユダヤ教という共通の信仰を持つ人がユダヤ人である」と聞き、宗教と民族が不可分一体で、世界のどこにいてもユダヤ教を信じる者をユダヤ人といい、人種のへだてもないことを知りました。

ユダヤといっても今日ではイスラエルという国家が母体になっています。

ユダヤの方から四人が参加されました。ヘブライ大学のシャロン・ポール教授、東洋学部長のベン・アミー・シロニー教授、アメリカ在住のラビ、マービン・トケイヤー氏、ラビのルクスタイン氏という世界的な学者でありラビの方々でした。

日本人にはなかなかなじまない言葉ですが、シャロン・ポール氏の冒頭の言葉は〝宗

教の真意を忘れた文化は衰える〟ということです。

「ユダヤ教のポイントは〝自由〟。神が創造されるので、人にも創造の自由が与えられる。自由を得た以上は責任が伴う。

男と女には選択の自由があるが、神から与えられた最高の宝である。この宝は選ばなければならない。責任が伴い、選んだ責任を神から与えられた。

自由の神が自由の人を作る、と同時に責任が与えられる」

二日間の議論の中で、幣立神宮の祭りに繋がるものがあって、彼らが五色神祭に大きな関心を持ったのは、言うまでもありません。

ユダヤの失われた十支族については、今も調査を続けていて、「チベットに七世紀のユダヤの書物があることが確認された」と言っていました。

マービン・トケイヤー氏が言われた次の言葉に一瞬驚きました。

「日本の最も聖なるところは、西の方にあります（聖なる地は西にある）」

私たち日本人より、たくさんの文献等にあたり、先入観なく結論付けています。

大正十一年（一九二二年）、日本を訪問し、旅の途中で触れ合った人々の姿を見たアインシュタインが日本に残したメッセージについては、ご存知の方もおられるかもしれませんが、今日の日本人にこれが当てはまるか難しいところです。

真の平和な世界を生み出す力になるのは、私たち日本人の文化を取り戻すことが先決のようです。

アインシュタインの感動の言葉をここにコピーします。

近代日本の発達ほど世界を驚かせたものはない。
その驚異的発展には、他の国と違ったなにものかがなくてはならない。
果たせるかな、この国の歴史がそれである。
この長い歴史を通じて一系の天皇を戴いてきたという国体を持っていることが、
それこそ今日の日本をあらしめたのである。
私はいつもこの広い世界のどこかに、
一ヶ所ぐらいはこのように尊い国がなくてはならないと考えてきた。

なぜならば、世界は進むだけ進んでその間いく度も戦争を繰り返してきたが、
最後には闘争に疲れる時が来るだろう。
このとき人類は必ず真の平和を求めて
世界の盟主を挙げなければならない時が来るに違いない。
その世界の盟主こそは武力や金力ではなく、
あらゆる国の歴史を超越した、世界で最も古くかつ尊い家柄でなくてはならない。
世界の文化はアジアに始まってアジアに帰る。
それはアジアの高峰日本に立ち戻らねばならない。
我々は神に感謝する。
神が我々人類に日本という国を作って置いてくれたことである。

次の年の夏、シャロン・ポール教授が、会いたいということで東京の指定された場所を訪ねました。昨年は会議終了後すぐに帰国したので、今回は日本をもっと知りたいということで再度訪ねたということでした。

神社を知るための再度の訪問と理解しましたので、最も日本らしい典型的な神社を二社選びました。

明治神宮と幣立神宮です。

幣立神宮を選んだのは私が奉職する神社というだけでなく、日本の最も聖なるところは西にある、という聖なるところに、直接足を運んでもらう狙いがありました。言葉の壁は長嶋亜希子夫人に埋めていただきました。

明治神宮では、玉串奉奠の後、外山宮司（当時）と約三時間にわたって懇談しました。

次の日、幣立神宮に昇殿参拝の後、**自然と共にある神社の空間、宇宙空間そのものが神社の境内であること**を、神域の中に感じていただきました。

この中で繰り広げられる祭り、五色神祭の不思議について、感じていただきました。

私も日本を学び直す大きなテーマをいただきました。

シャロン・ポール教授から次のような質問を受けたのです。

「日本では道徳教育を熱心にしているように見えません。また宗教による教育もほとんど行われていないようですが、日本人は非常に道徳的です。なぜですか?」

この質問ほど日本人を知る上で、要点をついたものは見当たりません。

日本人である自分を知る

神話や歴史の不幸な時代を克服できない、今の日本があります。

東京大学名誉教授の矢作直樹氏が『日本史の深層』(扶桑社)という本を出版されました。この内容を参考に日本人について考えてみたいと思います。

最近、郷土史や自然の素晴らしさを掘り起こし、大いに自慢し観光客に関心を向けさせようと努力しています。土器を展示したり、お城を復元したりして、自分たちの先祖は素晴らしいと、活き活きと郷土自慢を展開しています。郷土が自分を育む土台だからです。

歴史を学ぶことは自分を知ることに繋がることです。

自己は歴史の土台の上にあり、歴史を失えば自己の立つ位置を失してしまいます。

ところが郷土史ではなく国史（日本史）となると、一変します。

矢作先生の知人のお嬢さんが、留学先で「自分の国のことを話しなさい」と言われて、「日本はアジアの国々に悪いことをしました」と学生時代に歴史の授業で習った通りのことを話したら、「あなたはテロリストか活動家ですか？」と言われたそうです。

自分の国のことを貶《おとし》めるような発言をする人は、日本以外の国では反国家的思想の持ち主と見なされるそうで、日本人の感覚とは違うことが分かります。

残念ながら、私たちは日本の歴史を支えてきた先祖のことを、尊敬できないように洗脳されているようです。

明治から昭和の一時期までは、先祖の素晴らしさを物語を交えて学んだので、わが国に誇りをもっていました。

昭和二十年（一九四五年）年を境に、「学校教育で習う歴史」は一変しました。

歴史だけでなく国語の教科書も変わってしまいました。『古事記』にある歴史物語や

『竹取物語』などは姿を消し、図書館からも歴史上の人物の伝記やおとぎ話など、ほとんど見なくなり、代わって西洋の物語が多くなりました。

辛うじて国語（日本の言葉）をなくさなかったことが、せめてもの救いですが、だんだんと昭和以前の本も読めなくなってきたのではないかと心配です。


学校教育の良し悪しを議論するつもりはありません。

今の教育内容が間違っていると言うつもりもありません。

教育には、時の権力が大きく関わってきます。

歴史や読み物には政治の道具としての側面があり、敗戦国は戦勝国の歴史を学ぶことになります。

現実社会は弱肉強食です。「みんな仲良く」は幻想に過ぎないことは、今の中国を見れば一目瞭然です。

今の教科書の考え方は、戦勝国であるアメリカが決め、それを実現する実行部隊を作りました。直ちにこれにのっとった学者たちが、戦後の神話や歴史の不幸な時代を作り、その権限を持ったまま今日の歴史教育になっているだけです。

第二章でわが国の歴史の源流について述べましたが、学校で学んだ知識や思い込みをいったん横に置いて、わが国の歴史の真実に、郷土史に思いを致す気持ちで、わが国の歴史に心を向けて眺めていけば、違った見え方ができるのではないでしょうか。

歴史——私にとっては真実として守り続けた先祖の伝言です

「明治の日本人」と「令和の日本人」は連続性を持っているか、と二〇〇〇年後の人は考えるかもしれません。なぜなら顔立ちや身長にあまりの差があるからです。

縄文人と弥生人に連続性があるのかどうかについては、人骨の大きさや頭蓋骨の形などで、渡来人征服説などが語られますが、明治から令和のわずか一五〇年で日本人は様変わりしました。

環境や食生活の変化で、劇的な変化をする姿を経験的に知りました。

この縄文から弥生への体型の劇的な変化に答えを出してくれたのが、科学の力でした。

一万数千年前から二千数百年前まで繁栄していた縄文人のDNAが、東アジア圏の人々とは全く異なることがわかってきました。

長い間、渡来人征服説が歴史の世界を支配していましたが、新しい科学の分野が過去の思い込みからくる学説を、次々に塗り替えています。


私の家は先祖代々、幣立神宮の神官としてお仕えさせていただいています。

世襲というのは歴史を日々体験するようなものです。

日常生活の中に口伝で伝えられる歴史の源流、形として残る先祖の物語、先祖が残してくれた記録等、世襲ならではの歴史の中に日々の暮らしが存在します。

『青年地球誕生』（昭和四十八年十月三日明窓出版発行、春木秀映著）に、歴史の舞台を生きた先祖の記録が収録されています。

また、守り続けた先祖の墳墓など、代々口伝で伝えられた物語がたくさんあります。

これらの史料について、偽物とか捏造《ねつぞう》と言う人もいます。

しかし、私にとっては真実として守り続けた先祖からの伝言です。

私の歴史観は、幣立神宮と先祖の足跡から日本を見つめることで育まれました。

これが『地球隠れ宮　一万五千年のメッセージ』となりました。


米国にあっては、黒人差別の問題から歴史の見直し問題が起こっています。

歴史は常に時の政治権力によって書き換えられます。

わが国も戦後に書き換えられた歴史を、学校教育や諸々の情報で刷り込まれ、それによって歴史が自分と繋がっていないように思います。

令和の天皇の即位式、大嘗祭に思いを致すとき、歴史の源流が今日まで流れ続けていることを感じます。

天皇と自分、歴史を生きたDNAに日本の歴史を聞いてみたら、きっと新しい発見に繋がるように思います。

幣立神宮に導かれて（ジュディス・カーペンター）／五色神祭と五色神面

神道では「神は木の梢に鎮まる」と感じて、ご神木を大切にしてきました。このご神木を囲むように鎮守の森を守ってきましたし、鎮守の森は、神代よりわが国を見続けています。

「不思議の国日本」と言った人がいますが、その通りであります。太古の神々は、幣立神宮に集まりお祭りをしました。

このことを十歳の時に夢に見た人がいます。タスマニア大学の講師・ジュディス・カーペンターさんです。

「私が十歳のときでした。いろいろなお面がたくさん出てくるビジョン（幻想体験）を見たことがありました。お面は赤・黒・黄・白・青とさまざまでした。

そしてそのビジョンによると、そのお面は世界各地から、あるところに集まってセレモニーをするだろう、というものだったのです。

そして、私はそのあるところ、すなわち『幣立神宮』との出会いがあったのです。

じつは、この神社には黄色と青色はアジア系の人種、赤色はネイティブ・アメリカン、白色は白人系、黒色は黒人系の人種を表すとされる『五色神面』が祀られているのです。

今の私のビジョンでは、これらのすべての人種がこの神社に集まるとき、人類は初めて癒されることを感じています」

これは一九九四年十二月号雑誌『アネモネ』に掲載された要旨です。

彼女の体験は、じつに不思議で神聖なものです。一九九八年三月、彼女の体験を記した一文が届けられました。その一部を転記します。

＊　＊　＊

「アリゾナでジャン・ロスの店に入った瞬間から、それは始まりました。

ジャンと出会ったことがネビル・ロウとの出会いへ、ネビルとの出会いが喜多見氏との出会いへとつながっていきました。

そして、その後はスピリチュアルな踏み石が次々に私の前に準備され、やがて五色神面が表す世界（五大陸）の人々が、いえ宇宙すべてが、再び『ONE・ひとつ』となることを願う五色神祭へと導かれていったのです。

人間を超えた大いなる力は、いつも私たちを愛し、育み、まさにその刻、その場所に私たちを誘《いざな》ってくれます。

聖なる地・幣立神宮への道は、このことをパーフェクトに示してくれた、素晴らしい体験となりました。

私は世界各国で、多くの方々にヒーリングをしながら、かつ特別に神から啓示（Knowing）を受けた特別の地に、その場所にふさわしい聖石を納め、世界の各地と繋いでいくという使命を持っています。

そして同時にそれは、そこで出会った、ある種の人々（私は、彼らを〝太陽の人＝People of the Sun〟と呼んでいます）をも繋ぐことになるわけです。

今までダライ・ラマ、フィリピンの聖山を守る女性の山守、ホピ族のエルダーなど、さまざまな方々に、それぞれ聖なる石をお渡ししてきました。

そしてある日、世界地図を広げて見ていると『次に石を納めるのは、この島のどこかの聖地である』という神示が下ったのです。

そして次の瞬間、私の心の中で、これはもはや『決定』したこととなりました。

その島こそ、その時は名前さえ定かでない東洋の一つの島でしたが……、日本の九州のその地だったのです。そして私が次に奉納すると決めていたその石は、『太陽の石』と名づけられたものでした。

ダライ・ラマにお渡ししたのは『聖母の石』、ホピ族のエルダーには『昇る太陽』を納めていました。（中略）

後で知ったのですが、日本には『アマテラス』という神さまのお名前があり、そのマテという音より、偉大な母なるエネルギーを私は感じるのです。

私は九州・福岡での自分のセミナーの終わりに、この石の物語を話し、参加者の方々にその石を納める聖地は九州のどこがふさわしいかを尋ねてみました。

博識な参加者の方々は、いろいろな興味深いお話やアドバイスを下さいました。さまざまなご意見でどの聖地も貴重に思えたのですが、その内のある所を決めました。仕事のオフであった次の日に、その石を納めることにしました。

その日ホテルに帰り、福岡の友人と翌日の予定を確かめていたとき、彼女がぽつりとつぶやいたのです。

『ところで、人類発祥の地と言われるお宮があるのをご存じですか？　その宮は［太陽が蘇る］という名の町にあるのですが……』（※当時の地名は蘇陽町）。

私は即座に『この石を納めるのはその地です』と言い、この瞬間、目的地はにわかに変更になりました。

そのお宮の名前は『幣立神宮』、九州の真ん中（おへそ）蘇陽町（当時）に位置する日の宮として知る人ぞ知る隠れ宮だったのです。高天原の中心、皇祖発祥の神宮と言われ、太古の昔から世界人類の祖神を祀ったとされています。

そしてこれを実証する数々の証の一つとして、『五色神面』と呼ばれる、世界人類の祖神を形どった木製の彫像面が奉納されています。

この五色神面の五色とは、世界5大人種の肌の色を表したものであり、その起源とされているのが黄人（アジア系）です。


その後彼らの祖先が世界各地に広がり、その風土や気候などの影響を受けて、赤人（ネイティブ・アメリカン等）、青人（大洋民族等）、白人（白人系）、黒人（黒人系）へと派生したと言われています。古代エジプト、ユダヤ人や、一説ではモーゼにより運ばれた『水の玉』も奉納されています。

このほか諸々の驚くべき証により、幣立神宮は世界の霊的中枢と言われ、神々が降臨した高天原と言われています」


彼女の体験は、幣立神宮の五色神祭を霊夢として見せられたのが始まりで、「霊夢の場所に行き着くまで、半生を要した」と言っていました。

五色神祭は、毎年八月二十三日が例祭日で、五年に一度は大祭として多くの人の祈りの日となっています。

彼女は平成七年（一九九五年）の五色神祭から平成二十七年（二〇一五年）までの二十年間毎年、タスマニアから参列しました。

平和のメッセージは決まって皆さんで「君が代」を歌いましょうということで、この中に平和の願いが凝縮されていると信じていました。

「何よりも惹かれたのは、日本の霊性（spiritualité）です」

フランス国営文化放送プロデューサーであり、初代シャルル・ド・ゴール研究所理事長を経験されたオリヴィエ・ジェルマントマ博士に筑波大学名誉教授、竹本忠雄氏の案内でご参宮いただいたことがありました。

このご縁で博士の著書『日本待望論　愛するゆえに憂えるフランス人からの手紙』を目にすることになりました。

序文に書かれていたのが次の文章です。

「日本の文化、芸術、文学を愛し、わけても文学は二十世紀の産んだ最も豊穣なるものの一つと考えております。女性の優雅、料理の丹精については、何を付け加えましょうや。

しかし、何よりも惹かれてきたものは、日本の霊性（spiritualité）、これであります。神道の奥義に触れようとして、多大の時間を割いてまいりました。あまたの社をめぐって得がたい経験を積み、いまやそれは我が人生の宝となりました。

この経験からして、断固、こう言うことが出来ます。

神道なくして日本はない、と。

そして、秘めたる自然の精髄をさししめすその表し方からして、神道は、来るべき世紀に、必要欠くべからざる役割を演ずるに至るであろう。

なぜなら、そのとき、ついに人間は、自然とのコミュニオン（合一）なくしては生きられないと悟るであろうから」

さらに同書から、

「諸宗教の間の分類や宗教戦争に慣れっこになった西洋人は、日本を知って、そこでは一人の人間が同時に神道と仏教の信徒足りうると聞いて、まず仰天の感情を隠しえないでしょう。

西洋人ウオッチャーの日本人なら、日本的現実なるものが多分に伝達不可能と心得ていますから、『神道は宗教じゃありませんから』などと慰めてかかるかもしれません。そうは聞いても、西洋人のほうでは、そのままに信ずることはできないでしょう。

衣冠束帯を身につけた神主や、神聖美の極みたる祭りを見たならば。ましてや、緋袴に浄衣《じょうえ》をまとった巫女の、手振り厳かな神楽舞でも目にしたならば。

結婚は神式、葬式は仏式などと聞いたなら、いよいよでんぐりかえるかもしれません。そもそも、お寺の境内に鳥居が立ったり、菩薩が神になったりという奇天烈さを、どう説明すべきか。つまり、真理は不動ならず、群盲の象を撫ずるがごとしと、相手は変な納得をするほかありません。

要するに、皆さんにとって当たり前のことが、海の向こう側に生まれた者にとっては、どんなに場違いかということになるだけです。

我々西洋人の精神構造は『対立』に基づき、あなたがた日本人の精神構造は「和合」に基づいています。願わくは、この特異性を保持せられんことを！　けだし、破壊せずに統合する能力は、セクト主義や原理主義が猖獗《しょうけつ》をきわめつつある時代において、絶対必要不可欠なる特質だからであります」

「日本には『古事記』や『日本書紀』に伝えられるような神話があり、またそれは、数限りない神社において生ける素材として奉じられているわけですから、まことに貴国は、民族独自の想像世界を支える豊穣なる糧に満ち溢れているということができます。

いや、我々西洋人の想像世界をも豊かにしてくれるほどの、と申さずにはなりますまい。それほどまでに日本神話には、もろもろの人間の営みに関する知識が満載されているのです」

さらに、オリヴィエ・ジェルマントマ氏は『日本待望論』の中でこう記しています。

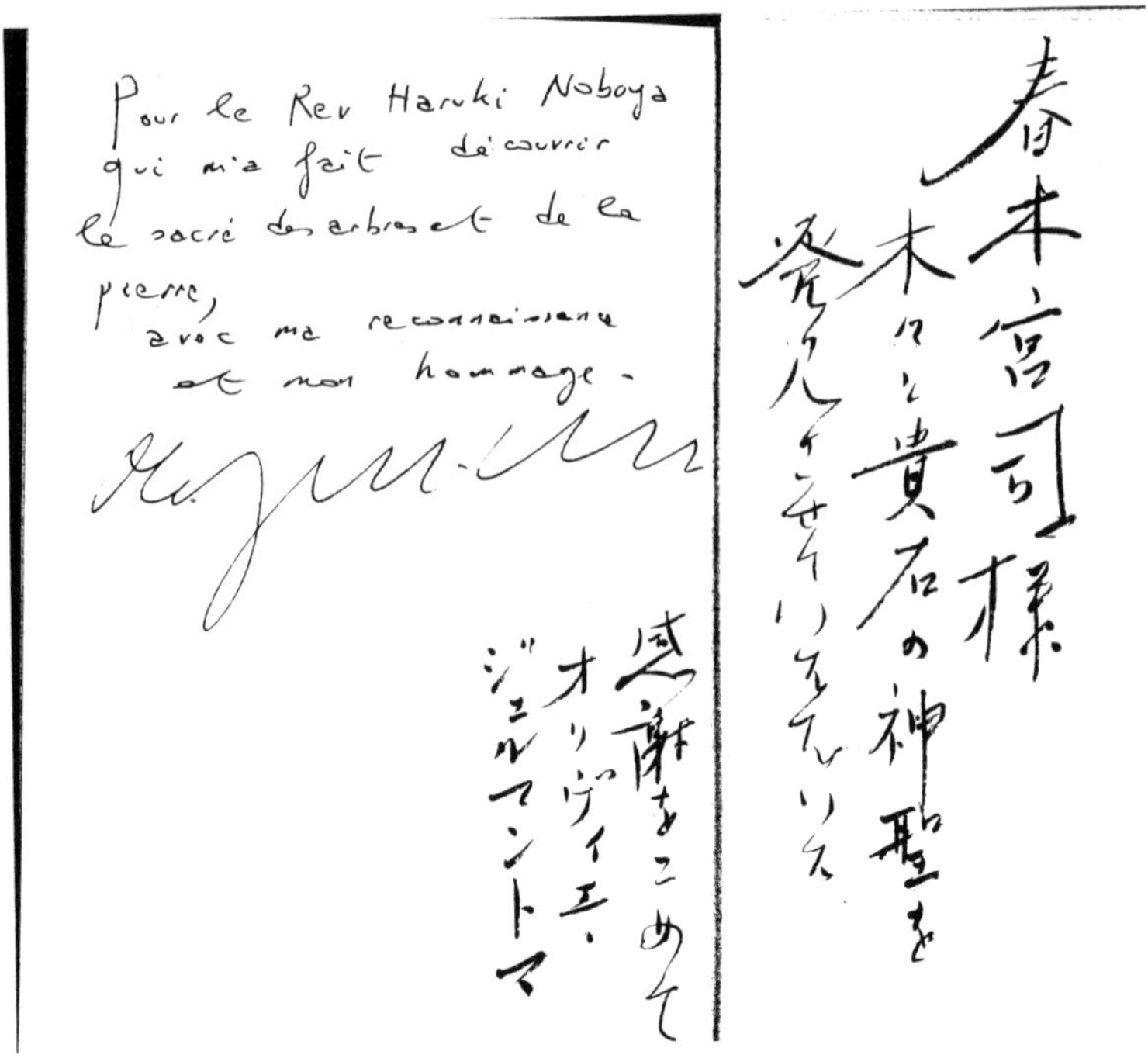

Pour le Rev Haruki Noboya
qui m'a fait découvrir
le sacré des arbres et de la
pierre,
avec ma reconnaissance
et mon hommage.
春木宮司様
木々と貴石の神聖を
発見させてくれたことに
感謝をこめて
オリヴィエ・ジェルマントマ

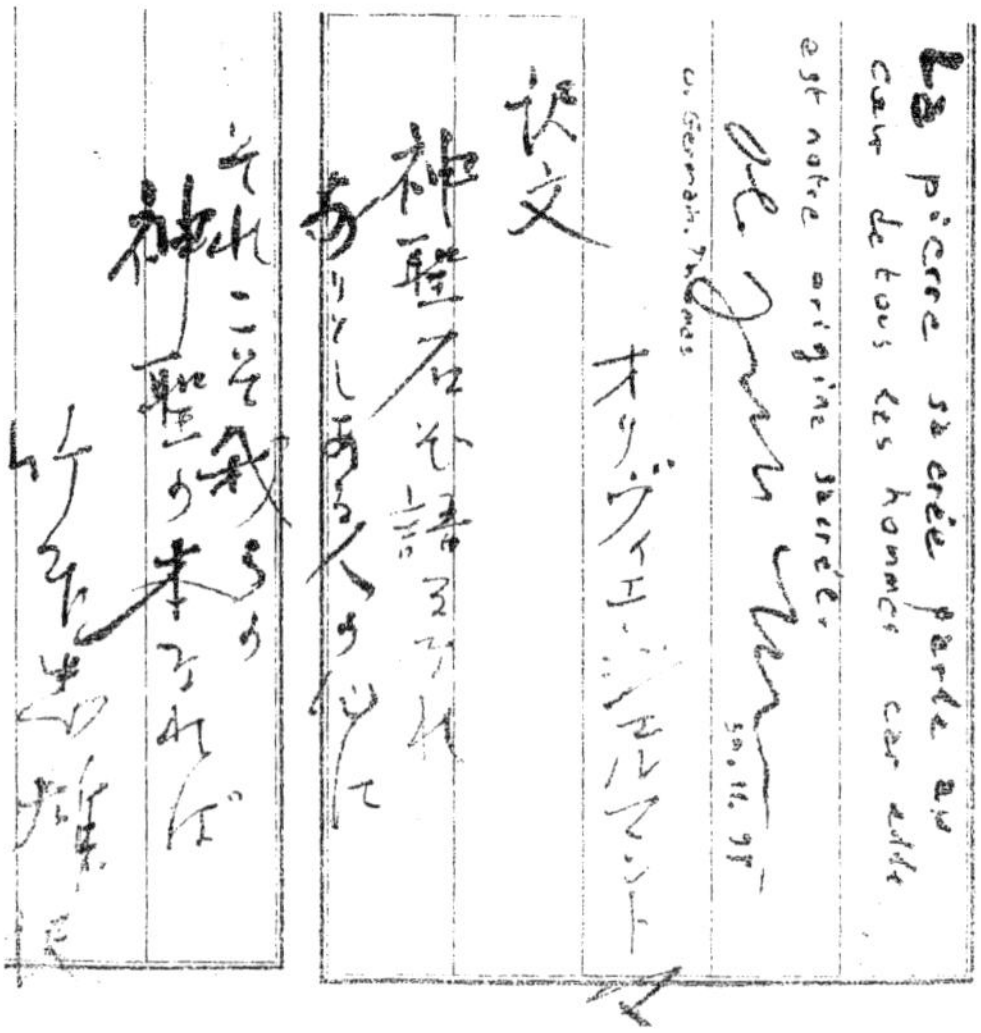

La pierre sacrée parle au
cœur de tous les hommes car elle
est notre origine sacrée
O. Germain Thomas
30.11.95
オリヴィエ・ジェルマントマ
訳文
神聖石ぞ語るなれ
ありとしある人の心にて
それこそ我らの
神聖の本なれば

オリヴィエ・ジェントルマ氏が幣立神宮参拝の折、感じたことを書いたもの

「ここ数年来というもの、あなた方のことを考えては、私は驚きを禁じえないでまいりました。なぜ皆さんが、ご自分自身について疑い、ルーツから遠ざかっていらっしゃるのか、理解に苦しむのです。

日本の皆さんは、人類史上最大の精神文化の一つの継承者です。

不幸にして一敗地《いっぱいち》にまみれたとはいえ、まさに奇跡としか言いようのない努力を傾注して、世界第二の経済大国を建立されました。ならば、なぜ、この気概を、あらゆる領域で積極的に発揮しようとはなさらないのですか」

自信喪失の元凶は、教科書から日本の神話を奪い去り、光り輝く先人たちの足跡を称えることよりも、悠久の我が国の歩みを否定することに心血を注いだ、戦後教育の積み重ねにこそあります。

甦れ、日本人です。

教育勅語と修身教科書

教育勅語や修身といえば、直ちに「子供を戦場に送る気か」などと言われてしまいます。小池松次《こいけまつじ》さんという方が、戦前の修身教育の教科書を編集して、もう一度日本の子供の道徳の教材にと思い、『これが修身だ』（昭和四十五年初版）を作成したと言われました。

国づくり人づくり財団の全国研修大会「夢・地球交響曲」に参加して、そこで小池松次氏と相部屋になった際に、「残念ながら、この本は日本ではほとんど見向きもされませんでした」という話を本人から聞きました。

ところがレーガン大統領の目に留まり、当時青少年教育で困っていたアメリカで同書を参考にした教材作りがなされたそうです。

英語版にして、アメリカで三〇〇〇万部の大ベストセラーとなりましたという話を私に切々とお話しいただきました。

前述したように、わが国では教育勅語や終身の本と言えば、マスコミと良心的知識人と言われる人、教育界によって、「教育の右傾化だ」などをはじめあらゆる言葉で罵倒します。

私は教育現場に四十年間いましたが、修身の教科書を目にすることはありませんでした。賛成するにしろ反対するにしろ、内容に目を通し議論するのが良心的な態度でしょうが、そのような経験は一度もありませんでした。

教育勅語とともに青少年学徒に対する勅語を読んで本当のことを知ることは大切です。また、修身の教科書にどんな内容があったのか、ぜひ読んでもらいたいと思います。

小学二年生の修身教科書から一つ選びました。

日本を知るためには、最適の教材のように思います。

『復刻版　初等科修身［中・高学年版］』（解説　矢作直樹）より引用します。

教育勅語の口語訳

「天皇である私が思うところを述べてみよう。我が御先祖が日本の国を建てたのは遥か大昔のことである。それ以来、代々の御先祖が国民に深く厚い道徳を示してきた。

　それに対してわが国民は君に忠孝を尽くし、全ての国民が心を一つにして、そのような美風をつくりあげてきた。これは我が国柄の輝かしい光であると同時に、教育の根本でもある。

　国民よ、父母に孝行し、兄弟仲良くし、夫婦は仲睦まじく、友達同士お互いに信じ合い、自分は常に謙虚な心をもち、世の人々に博愛の手を差し伸べ、学問を修め、職を手につけ、それによって知識と才能を養い、人格を磨き、進んで公共のために貢献して世の中に役立ち、常に憲法を尊重して法律を遵守し、国家の一大事には義勇の精神で一身を捧げなさい。

　それらを実践することで、永遠に続く皇室の盛運をお助けしなさい。

　それは、ただ天皇に対して忠義ある善良な国民であることを示すだけでなく、国民の祖先が作り上げてきた伝統的美風を、さらに世に明らかにすることにもなるだろう。以上述べた教えは、我が御先祖の遺訓であり、子孫国民が共々に守り従わなければならないことである。

この教えは昔も今も通じる間違いのないものであり、日本だけでなく外国で実行しても決して道理に反しない。

私はこの教えをしっかりと心に刻み守っていくので、皆も一緒に実践することを切望してやまない」

教育勅語の特色は、天皇の命令ではなく、私が守るので皆さんも一緒に実践しましょうという呼びかけになっていることです。

教育勅語の趣旨に沿って読み物を編集したのが修身教科書です。

さらに三年生の教科書からも一つ引用します。

初等科修身一（三年生用）

春

「神様のお生みになった日本の国は、山川の美しい國です。ことに、春夏秋冬のうつりかわりのはっきりした国です。

冬の間、ずっと寒い風に吹きさらされていた草や木は、春になると、みどりの芽を出して来ます。暖い風がそよそよ吹いたり、かすみがたなびいたりする間に、草や木はすくすくと育っていきます。

梅が咲き、桃が咲き、さくらが咲き、いろいろの花が咲きそろうころになると、めじろや、うぐいすや、たくさんの小鳥が、木の枝から枝へとんで、うれしそうにさえずります。ちょうやはちも、よろこんで、花のみつをさがしてあるきます。空には、高くひばりがまいあがります。私たちも、たいそううれしくなって、つみ草をしたり、野山に遊んだりします。

春のけしきは、ほんとうに明かるくて、おだやかです。冬にはあらい波の立っていた海も、おだやかになります。川の水も、池の水も、明かるくすんで、何となくやわらかそうに見えます。

夜の空には、おぼろ月がのぼります。うすいきぬでもたれたように、ぼうとうるんで、見あげる私たちの心をおだやかにします。

私たちは、三年生になりました。日本の春のように、明かるい、ほがらかな心の人になって、仲よくくらすようにつとめましょう」

春の読み物は、**人と自然の調和を何よりも重要視する神道に由来していることが見て取れます。**

今はグローバリズムの時代と言います。人、物、金の自由な選択ができる社会を目指し、わが国は、教育の自由を叫んでいます。

今まで私は「地球人」という言葉をよく聞いていました。

しかし、令和の天皇の一連の儀式に接し、以降、この言葉を聞かなくなりました。日本の神話や歴史に関心が芽生えるのに、言葉がいりませんでした。

一九六〇〜七〇年代、「イギリス病」と言われる現象があり、これを立て直したのが

「鉄の女」と言われたサッチャー首相と言われています。

改革の柱は「教育」と「労働者への対応」と言われています。

そうして、ヒッピーからイギリス人への回帰がありました。

日本は神話と歴史が皇室行事の中に盛り込まれ、国土全体が教室になります。

「地球人」から「日本人への回帰」が、日本人としての国際人を育てると思っています。

天皇の祈りと神道には、言葉としての教えはありません

『古事記』では、初めに自然があって、自然の中から神が生まれた、と、自然由来を説いています。草も木も、鳥や動物も自然の中から生まれたとしています。

日本人は、自然に対して特別の感情を持っています。

命の糧を恵んでくれる、山の神、川の神、海の神、大地を育む日、土、水、雨、風、

そして火の神たちにお供えをして、感謝を表すことで祈りを捧げてきました。

また、自然に対する畏れの信仰も同時に併せ持ち、地震や雷、津波や干ばつ、疫病な

どの自然災害も、荒ぶる神の仕業として受け入れ、お供えをして祈りを捧げてきたのです。

そうやって神道の文化が形づくられ、今に継承されているのです。

自然信仰が原点です。そこに教義はなく、言葉として教えを語ることはありませんでした。

天皇の祭祀は、主に自然に対して国民の安寧を祈るものであり、国民は、自然の恵みに感謝すると同時に天皇の御代の長久を祈るのです。

互いに祈り合うことで、天皇と国民との絆は神道の文化を介して保たれているのです。

豊臣秀吉のバテレン追放の真実

これまで示したように、日本の文化は他の文化を排斥せず、仏教も神道と混淆していくなど寛容なものです。当然キリスト教も柔軟に受け入れられていきました。

ただ歴史の一時期、これまでと異なった対応がありました。

豊臣秀吉の宣教師追放と、江戸初期の禁教です。

戦国時代にはフランシスコ・ザビエルをはじめ多くの宣教師が日本にやってきました。

宣教師たちは他の国で行ったように、日本をキリスト教国にしようと努力しました。

おそらく植民地にした国々と同様の布教に当たったのではないかと推測します。

当然、キリスト教は日本の神道や仏教を排斥しようとしました。


秀吉はなぜ宣教師（バテレン）を追放したのでしょう。

『新しい歴史教科書』（市販本新版中学社会・自由社出版・百二十一ページ引用）から一部を抜粋します。

「一五八七（天正十五）年六月、追放令が出される前夜、博多で秀吉に対して、随行の僧侶たちがバテレンやキリシタン領主等の所業について訴えたと言われます。

バテレンは領主をそそのかして領民を強引に入信させ、領内の神社や寺を壊し、神官や僧侶を追い出していると訴えました。

また、宣教師コエリョへの詰問があります。

①なぜ領民を強引に改宗させるのか
②なぜ神社仏閣を破壊するのか
③なぜ牛馬の肉を食うのか
④なぜポルトガル人は多くの日本人を奴隷として買って連れ帰るのか

秀吉を納得させる答えを出せませんでした。

秀吉は、これまでのキリシタン保護の姿勢から一転して『バテレンの説く掟は悪魔のものだ。いっさいに善を破壊するものだ』と批判し、『バテレン追放令』を布告しました。

この布告は、外国人バテレンの追放が主眼で、一般領民の信仰までは、禁じていません。

一五九六年、土佐沖で難破したスペイン船サン・フェリーペの航海長が奉行に対して『われらはまず宣教師を送り込んで先住民を改宗させ、多くの王国を征服してきた』という風説が広がりました。このためにキリシタン取り締まりが強化したので、殉教者が出るまでになりました」

宣教師たちに詰問というのは忠告に当たります。しかし聞き入れられず、一神教のドグマが秀吉をして宣教師追放となりました。

さらに、島原の乱の後、徹底した禁教にはしったことは周知のことです。

西洋の宗教では、自然も人も神の創造物として、神への忠誠を教育しています。

先述したオリヴィエ・ジェルマントマ氏が、「諸宗教の間の分類や宗教戦争に慣れっこになった西洋人」と表現したことと、神道が対極にあることがよく分かります。

西洋の宗教は自然環境の過酷な中で生まれています。

この中で「強者が弱者を支配する」という奴隷文化が生まれ、今日の世界の不幸な現象を生み出しています。

先述したオリヴィエ・ジェルマントマ氏の『日本待望論』は、天皇の祈りと神道を世界が必要とする時が来る、と言っています。

神社のご神体である鏡（カガミ）について

多くの神社では、正面中央に鏡がお祀りされています。

これは天孫降臨にさいし、「この鏡を私と思って、いつも側に置きなさい」と、側近に八咫鏡《やたのかがみ》をお渡しになったのが始まりです。

第十代崇神《すじん》天皇の時、民を守るために皇居から奈良の笠縫邑《かさぬいのむら》に移し、第十一代垂仁《すいにん》天皇の皇女、倭姫命《やまとひめのみこと》に託し、今の伊勢にお祀りになります。三種の神器の一つです。

各神社には、この鏡の御魂《みたま》を分けていただきお祀りしています。

天照大神はおっしゃいました。

「この**鏡**を**見**ることは　**私**と**思**って**見**なさい。

自分の**心**をこの**鏡**に**移**して　この**国**と**人々**を**守**りなさい」

鏡には自分のありのままの姿が映っています。国を治めるには、自分の姿の我を外して、神の姿で国を治めなさい、という意味が鏡に託されています。

鏡という言葉を、カガミと書くとカミの真ん中に我（ガ）があります。

つまり、**鏡とは「自分のありのままを映し、神に近づきなさい」という意味です。**

心の中に鏡を持ち、自己啓発し、よりよい暮らしができるように神社に足を運んでいただきたいものです。

日本的死生観とは何か

千五百年に及び、神道と仏教が共に影響しあいながら日本的精神文化を築き上げました。この中で、海の向こう側の人たちにどうしても理解されないものが日本人の死生観です。

日本人は如何なる人もこの世を去れば、神か仏として祀ってきました。

中でも国家や社会に影響を与えたり、命を絶った人は神社に祀ったり、記憶を残すために碑を建てたりして、顕彰してきました。

靖國神社は日本的死生観の中で、必然的に生まれました。

西洋列強の爪から守るために、軍国の道を歩み、否応なく戦死する犠牲者がうまれました。こういう時代背景の中で戦死者を祀るあかしが必要になってきました。

これが靖國神社です。

戦犯のことがいつも話題になりますが、**わが国の死生観では、分け隔てしないことが、歴史の真実です。**

文化の違いを認め合おうという国際社会が、なぜか海の向こうの文化に踊らされています。毅然として理解を求める努力が肝要です。

皇位継承／女性宮家創設について

天皇の御存在は神話・天孫降臨に繋がっています。

天照大神の神勅《しんちょく》（おことば）を受けて天降りになった天孫瓊瓊杵尊は側近と共に

天降りになり、国づくりをされました。

そして木花咲耶姫《このはなのさくやひめ》とご結婚になります。その子である山幸彦は豊玉姫《とよたまひめ》を妃とされ、その間に生まれた鸕鷀草葺不合尊《うがやふきあえずのみこと》は玉依姫《たまよりひめ》を妃とし、その間にお生まれになった方が神武天皇です。

神武天皇より先の時代を、神代《かみよ》と言います。

神武天皇より令和の今上天皇まで、天孫瓊瓊杵尊の男系の血筋で受け継がれてきました。この男系を男女平等というイメージで歴史を変えようとしているのが、女性宮家です。

安定的な皇位継承と女性を皇族から外すのは女性差別ではないか、という言葉の洗脳によって、王朝交代に追い込み、多数決によって民間人の血筋に置き換えようとしています。

憲法により、国民の総意に基づくと言いますが、天皇は憲法以前から存在し、男系男子は神勅によるものです。

女性天皇は八人、十代存在したという議論があります。

女性で駄目という議論はしていないのですが、意図的に真意が伝わらないようにしているのが、今日の情報です。

女性天皇はおられましたが、女系天皇はお一方もおられません。

「女系」というのは女性天皇の父親が「天皇家をはじめ男系皇族以外の血筋」のことを言います。王朝交代で今の民間人が父親の天皇になります。海の向こうは、戦い取った人の最高実力者が王朝を起こし、王朝と市民との激烈な戦闘の結果、現代に続いています。

海の向こうと日本は本質的に異なります。

先に述べたように、**わが国は縄文人の遺伝子（神の遺伝子）を受け継ぎ、現代にいたっています。**そして皇室は男系で今に至っている神話発祥の一族です。

ひとつ気がかりな問題があります。

日本の歴史が改ざんされ、教育の中に取り入れられていることです。

第一章でも述べましたが、アーノルド・j・トインビーは、滅亡する民族の三つの共通点をあげています（十二ページ参照）。

この第一に上げているのが「自国の歴史を忘れた民族は滅びる」ということです。天照大神や天孫降臨、さらに神武天皇から現代に至る歴史を、『古事記』、『日本書紀』を批判することで史実とは言えないという評価をし、意図的に、古代史の改ざん、そして明治からの近現代史の改ざんです。

この中に女性天皇と女性皇族があります。

最近のマスコミは、天皇には敬語を使わず、自分たちの先輩にはメディアの中で敬語を使い、意図的に天皇や皇室を普通の人扱いしているように見えます。これもすべて、戦後のGHQが作り上げた人事の結果です。

皇室典範に関する有識者会議は「天皇や皇族は国政上の権能を有しておらず、天皇や皇族に皇位継承問題でお伺いを立てるのは憲法違反」として、皇族からの意見を聞くことを拒否し、女系天皇容認論を決定した経緯があります。

神話に始まった皇統／女性天皇はすべて男系女子

すべての女性天皇は、皇位継承の危機か、政治上の危機で誕生しました。

第三十三代　推古《すいこ》天皇（在位五九二～六二八年）

蘇我《そが》氏と物部《もののべ》氏が皇位継承をめぐって争い、蘇我氏が勝利します。蘇我馬子《うまこ》は、第三十二代崇峻《すしゅん》天皇を殺害します。叔父である馬子に担がれて、第三十代敏達《びだつ》天皇の皇后であった推古天皇が即位されました。これより三代にわたって横暴を極めた蘇我氏は大化の改新で滅びます。

第三十五代　皇極《こうぎょく》天皇（在位六四二～六四五年）

第三十四代舒明《じょめい》天皇の皇后。六四二年、皇極天皇が即位されます。第三十代敏達《びだつ》天皇の曽孫で、男系の女性天皇です。

舒明天皇には後の天智《てんじ》天皇（中大兄皇子《なかのおおえのおうじ》）と天武《てんむ》天皇（大海人皇子《おおあまの》）がいましたが、後継が定まっていなかったので、とりあえずの中継ぎとして、即位されます。蘇我蝦夷《えみし》と息子の入鹿《いるか》が実権を握ります。

皇極四元（六四五）年、大化の改新により、蘇我氏が廃され、弟に譲位されました。

第三十七代　斉明《さいめい》天皇（在位六五五～六六一年）

皇極天皇が再び天皇になられたのが斉明天皇です。これを重祚《ちょうそ》と言います。

第三十六代孝徳《こうとく》天皇が崩御になり、本来なら中大兄皇子《なかのおおえのおうじ》が即位されるところですが、白村江《はくそんこう》の戦いの準備で即位できず、斉明天皇の重祚《ちょうそ》となります。

第四十一代　持統《じとう》天皇（在位六九〇～六九七年）

中大兄皇子（天智《てんち》天皇）の皇女です。

叔父の大海人皇子の妃となられます。壬申《じんしん》の乱の後、大海人皇子は、天武天皇として即位されます。崩御後皇位継承が定まらず、皇后の即位となります。天武天皇のあとを引き継ぎ、律令国家として整備に尽力するなどさまざまな政治をおこないました。

伊勢神宮の式年遷宮は、天武天皇が定められ、持統四（六九〇）年に第一回が行われました。

第四十三代　元明《げんめい》天皇（在位七〇七〜七一五年）

第三十八代天智天皇の第四皇女で天武天皇と持統天皇の間に生まれた草壁皇子《くさかべのみこ》の妃。即位を予定されていた草壁皇子の薨去《こうきょ》により、持統天皇の即位となった。草壁皇子と元明天皇の間に生まれた軽《かるの》皇子が第四十二代文武《もんむ》天皇として即位。

持統天皇、文武天皇の相次いだ崩御により、後の聖武《しょうむ》天皇が六歳と若かったので、暫定的に第四十三代元明天皇として即位されました。

元明天皇は、草壁皇子の妃であり、天智天皇の皇女であることから、立場が皇后に近かった。

第四十四代　元正天皇《げんしょう》（在位七一五～七二四年）

草壁皇子の皇女として生まれ、母は元明天皇。第四十二代文武天皇は元正天皇の弟であり、弟から母元明天皇になり、さらに皇位がその娘へと移っていきました。文武天皇の皇子、後の聖武天皇が成長するまでの中継ぎでした。

第四十六代　孝謙天皇《こうけん》（在位七四九～七五八年）

聖武天皇の第二皇女で、母は光明《こうみょう》皇后。

聖武天皇は、阿倍内親王《あべのないしんのう》（孝謙天皇）を皇太子に立てたため、史上初の女性皇太子となりました。

将来、皇位を約束された代償に、結婚もできず子供をもうけることができませんでした。生涯独身が宿命でした。

在位十年で、四十一歳で譲位され、太上天皇・孝謙上皇となられたが、第四十七代淳仁《じゅんにん》天皇と不仲になります。

宇佐八幡宮事件（弓削道鏡《ゆげのどうきょう》問題）です。七六二年、淳仁天皇が孝謙上皇と道鏡の関係を非難したことで、不仲になり、のちに上皇が天皇を廃位し、再び天皇に即位されました。

第四十八代　称徳《しょうとく》天皇（在位七六四〜七七〇年）

孝謙天皇が重祚され、称徳天皇として再び即位されました。

宇佐八幡宮神託事件が起こります。

道鏡の弟が「道鏡を皇位に就けることが神意に適《かな》う」という旨の宇佐八幡宮の神託を称徳天皇に奏上しました。これを確かめさせるため、和気清麻呂《わけのきよまろ》を勅使として宇佐八幡宮に派遣します。

清麻呂は「わが国は開闢《かいびゃく》以来必ず皇統の人を立てよ。皇統にあらざる無道のものは去れ」という神託を朝廷に復命し、先の神託は虚偽であるとしました。

称徳天皇と道鏡は清麻呂を左遷し、皇統の危機が迫りましたが、後に「道鏡には皇位を譲らない」と申され、天皇崩御後、道鏡は失脚しました。

この後、清麻呂は光仁《こうにん》天皇によって、ゆるされました。

皇統の危機極まった事件でした。

第百九代　明正天皇《めいしょう》（在位一六二九～一六四三年）

第百八代後水尾《ごみずのお》天皇の第二皇女。母は徳川和子《まさこ》で、江姫《ごうひめ》の孫。

第百七代後水尾天皇は、幕府の無礼に立腹し譲位され、徳川秀忠の外孫である興子内親王に譲位され、上皇となられた。興子内親王の即位は七歳でした。

七歳で即位し、二十一歳で譲位されるまで十五年間在位、実質的には、上皇陛下が実権を握り、明正天皇は実質的な権限を持たされませんでした。即位から八年後、島原の乱が起きます。

明正天皇は、譲位後も女性天皇の不文律、生涯独身を通されました。これにより、徳川の血が皇統に入ることはありませんでした。

第百十七代　後桜《ごさくら》町天皇《まち》（在位一七六二～一七七〇年）

第百十五代桜町天皇の第二皇女として誕生。第百十六代桃園《ももぞの》天皇の一歳年上の異母姉で、桃園天皇の崩御にともなって即位されました。
一七七〇年に譲位され、上皇となられ、次の天皇（後桃園天皇）を補佐されましたが、天皇は若くして崩御されます。後継を閑院宮家の兼仁王《ともひとおう》（光格天皇）を選び、即位を請われ、男系の皇統を保たれました。

吉重丈夫著『女性天皇とその歴史』（ＰＨＰ　二〇二〇・三・十八発行）参考。

改めて、女系天皇はお一方も存在していません。
神話に始まった皇統を、ここで簡単に変えてよいものでしょうか。

歴代天皇は男系により継承されてきました

天皇の皇位継承の原理は皇統です。これまで皇位は男系により継承されてきました。
父と子の間の皇位継承を「男系継承」と言います。

つまり、父が天皇、あるいは父の父が天皇、もしくは、父の父の父が天皇、というように歴代天皇の男系の血筋を受け継いでいない人が天皇に即位した例は、これまで一度もありません。

先に申したように、八人十代（重祚が二例）の女性天皇がありますが、すべて歴代天皇の男系の血筋を引いていました。

女性が皇后か即位の途上にあった皇太子妃以外の女性天皇は、すべて生涯独身でした。女系の皇族を残さないためでした。

現在の天皇陛下（令和元年五月一日即位）は、第百二十六代です。

初代神武天皇から、百二十五回の皇位継承があったことになります。

このうち、天皇の皇子が継承しているのが百十一回です。

十四回は異なった皇位継承になります。女性天皇の場合の、皇后か妃殿下の場合です。

（竹田恒泰著『中学歴史　平成30年度文部科学省検定不合格教科書』を参考）

特別な皇位継承が行われた例があります。

崩御となった天皇に皇子がなく、近親にも男系の血筋を受けた皇族がいなかった場合です。

遠くは、第二十五代武烈《ぶれつ》天皇から第二十六代継体《けいたい》天皇への皇位継承でした。

このお二方は、祖父同士がはとこという遠縁に当たります。応神天皇の男系の血筋を受け継いだ方です。

古代の人は、目先のことだけにとらわれないで、安定的な皇位継承、男系を維持してきたのです。

第四章

世界の最終平和をつくるのは日本

日本の民主主義は、神代からの文化です

権力者や大企業は庶民から搾取するという思想が、戦後の日本社会を支配しました。国鉄民営化闘争は、戦後社会の縮図のようであり、働く者の権利と生活を守り、利用者を守るための闘争のように思っていました。

しかし、昭和六二年（一九八七年）に国鉄は民営化され、ＪＲになってまさに企業として動き始めました。

イギリスでは民営化に失敗し、再び国家管理になったようですが、日本のＪＲは利用者サービスを向上させ、駅構内は国鉄時代と打って変わって、快適そのものです。

イギリスと日本の違いは、どこにあるのでしょうか。

一言で言えば、経営者と働く人の文化の違いのように思います。

日本は決定過程に時間がかかりますが、決まったことは力を合わせて取り組むという、

「和を以て貴しと為す」が自明のこととして、文化として身についているのでしょう。経営者と労働者と利用者を一つのサイクルとして活動する、自然な流れがあります。家族の感覚です。

イギリスは歴史の中で培われた、経営者と労働者の対立が生み出す企業活動のように見えます。民主主義が生まれた経緯も、長期的な対立の中で、権利として勝ち得たものですが、自らを、「民主主義の発祥の国」と言い、今日の国際社会の中核的思想になっています。

日本はこれを受け入れながらも、歴史の中で培われた国民性が、日本独自の文化を創造しているように思います。

国鉄より先に行われた電電公社の民営化は、通信手段と利用手段が大きく変わり、世界の趨勢《すうせい》とはいえ、私たちは快適さを享受しています。

塩の製造販売の自由化も、多くの企業が参入し、消費者の選択肢を広げています。

極めつきは郵政民営化で、利用が極端に改善され、職員の対応も明るく丁寧になりました。

このように、田舎にはサービスが届かないといった意見もありましたが、多くの企業が参入し、消費者が選べる時代になりました。

わが国の民主主義は、神代からの自然発生で、日本人の中に刻み込まれている文化です。

白人国家が拒否した、日本による人種差別撤廃案

上皇陛下が御譲位なさるとき、「平成が戦争のない時代として終わろうとしていることに、心から安堵しています」と述べられました。

明治、大正、昭和というのは、ずっと戦争続きでした。明治時代は西洋列強による世界分割がほぼ完了し、残るはほぼ日本のみとなりました。世界各地を植民地化して、白人一強の世界支配でした。

特にイギリスが中国にどういう形でかかわったかといえば、植民地支配していたイン

ドでアヘンをつくり、それを中国に持ち込み、それで得た富で、豊かさと最強の軍を備えることができていました。

香港をイギリス領として、アジア経営に乗り出していきました。

日本は西洋列強に伍《ご》していくために、時代の趨勢《すうせい》として、富国・強兵の政策により軍事国家の道を歩きました。

ひとえに富国・強兵が実現できたのは、国民全体に教育が行き渡り、学ぶことを誇りにする国民だったからです。

明治七年（一八七四年）には避遠の地・わが郷（山都町大野）にも小学校が開校していいます。江戸末期に寺小屋があったこともわかっています。

日清・日露の戦争を経て、西洋の牙から逃れ、日本は独立の道を歩くことができました。

日露戦争は、国家存亡の一大事です。有色人種国家は悉《ことごと》く、白人国家の植民地です。

幣立神宮の境内には、その時の様子を短い文で表した立て札と記念樹があります。

「畏きあたりより戦勝祈願をおおせ出された」とあり、感激した氏子が記念樹を植えた、とあります。結果は国際舞台への参加です。

「もし」という話はあまりしたくはありませんが、日本がロシアに負けていたら、列強の植民地と化し、今日の世界は全く違った様相を呈していたと思っています。

わが国は、歴史的に鍋ぶた社会です。

天皇を中心とした横並びの社会です。

人類も横並びが当然と考えてもおかしくはありません。

幕末から多くの武士たちが、欧米に視察に行った際、その立ち寄る先で、有色人種が奴隷として、また牛や馬のように鞭《むち》をふるわれて、酷使されているのを見て、危機感を持ち、憤りを覚えました。

日本は人種差別のない世界を夢見ました。

日露戦争の結果、列強と対話のできる国になり、一九一九年（大正八年）、パリ講和会議（ヴェルサイユ条約）で各国首脳が集まり、国際連盟を含めた新たな国際体制構築について、話し合われました。

国際連盟規約を審議する過程で、日本の念願である「人種差別のない世界」を提案したところ、多数決で日本案が支持されましたが、イギリス、オランダ、フランス、アメリカなどの帝国主義国家によって葬られました。

その後これらの列強諸国が、日本を危険視したことは言うまでもありません。

人種差別国家対日本／黄禍論

人種差別撤廃の提案は、人種差別国家にとって驚異でした。

日露戦争以前からくすぶり続けていた、黄色人種、ことに日本は危険な国家であるという意識が強まっていったのです。日露戦争の勝利は、アジア、アフリカ、アメリカ黒人にとって、希望の星となっていました。

白人にとって、牛馬と同じように扱っていた有色人種が、白人国の中に入り込んでいくことは、白人国家にとって全く歓迎できないことであり、有色人種に対して不安が芽生えてきたのは自然のことです。

第一次大戦の戦後処理で、日本は国際社会の中に入り込みました。この当時、日英同盟を結んでいましたので、いわばイギリスの後ろ盾の賜です。直接日本虐めはできません。

アメリカは人種差別主義者が根強く、黄色い顔の日本を追い詰め始めます。

一九二一年（大正十年）、ワシントン会議がアメリカの提案で開かれ、この機会にアメリカの強い希望で、日英同盟が破棄されることになります。

日本を孤立させる作戦が始まりました。

日英同盟の楯がなくなったことで、日本は次第に孤立していきます。

アメリカは日本を追い詰めるフリーハンドを持ったわけです。

実は、ペリー来航のはじめから、日米関係は悪くありませんでした。そもそも日本人は、アメリカが好きです。

しかし、アメリカの白人にとって、人種平等を唱える日本は厄介です。

アメリカの術中にはまった日本は、ついにパールハーバー（真珠湾）に誘い込まれてしまいます。このことは、最近のアメリカにおける文書公開によって、徐々に真実が明らかになっています。

大戦の結果、国際社会は「すべての責任は日本であること」を決定しました。

自立精神が芽生えたアジアの国々

日本は国力の差もわきまえず、アメリカに向かったと言われます。

わが国は、一敗地にまみれましたが、その後の世界地図は年を追うごとに変化していきました。アジアの諸民族には、自立精神が芽生えました。

第二次世界大戦において、日本は序戦にすさまじい戦果を上げました。インドネシアからオランダを追い出し、マレーシアではイギリス軍を制圧、そしてベトナムやカンボジアではフランス軍を制圧しました。

一九四五年（昭和二十年）八月十五日、日本は連合国に無条件降伏しました。これにはいろいろな意見がありますが、結果はかわりません。

しかし、アジアは目覚めました。

再びオランダがインドネシアに入って来たとき、日本占領時に指導して作り上げた軍隊がこれを許しませんでした。四年間の独立戦争の結果、名目上は一九四五年（昭和二十年）八月十七日を期して、独立を勝ち得ました。

日本は、その後の思想教育によって、不幸な自虐の時を過ごしています。

大声で言ったら批判の的になりそうですが、その後の有色人種国家による世界地図の変化は、一九一九年（大正八年）の日本の提案を思い起こさずにはいられません。

今年、令和二年の世界は、アメリカ発で、再び人種差別撤廃の波が世界を駆け巡っています。

カンボジアのシアヌーク国王が演じた日本人

『ブリタニカ国際大百科事典』初代編集長で、一九七七年（昭和五二年）、一九八二年（昭和五七年）に福田首相・中曽根首相の首相特別顧問を務められた加瀬英明さんの著書『大東亜戦争で日本はいかに世界を変えたか』（ベスト新書）の九五ページに、今まで目にしたことのない話があり、私を驚かせました。紹介します。

「私はカンボジアのシアヌーク国王と、親しくさせていただいたが、大戦中の日本軍を賞賛するのに、言葉を惜しまれなかった。

国王はご自分で映画を監修し、上映されることを、趣味とされてきた。

シアヌーク国王は、北朝鮮に亡命中の一九七九年、北朝鮮のピョンヤンの撮影所で、『ボコールの薔薇』という劇映画を制作、主演を務められた。

国王はベトナム軍がカンボジアに侵攻すると、国外に逃れて、北京と北朝鮮のピョンヤンに、半年ずつ滞在されていた。日本政府の賓客として来京されると、いつも帝国ホテルに泊まられた。

私は国王にホテルに招かれて、ワインを振る舞われながら、お話を伺った。そのような時に、この映画のビデオを頂戴した。

試写会には、金日成《キムイルソン》主席が長男の金正日《キムジョンイル》総書記を連れて出席して、「素晴らしい映画だ」と褒めたと言われた。

はじめに、金日成主席の肖像画と共に、主席を称える字幕がでてくる。

それから、日本軍がカンボジアのボコールに、進駐するところから、始まる。

国王が日本軍の部隊長である、長谷川一郎大佐を演じておられるが、モニク妃殿下が町の有力者の美しい娘で、大佐の恋人として出演されている。ビデオは、朝鮮語に吹き替えられているが、海外向けに、英語の字幕がついている。

映画の日本軍は、実に規律正しい。多くの日本兵が登場するが、朝鮮人民軍の兵士がエキストラとして、動員されている。日本軍がやってくると、民衆が「解放者」として歓呼して、迎える。

接収したフランス軍司令部の屋上から、フランス国旗の三色旗が降ろされ、日の丸があがる。

朝鮮人民軍の兵士たちが整列して、日の丸に向かって捧《ささ》げ銃《つつ》をするのには、苦笑したが、長谷川大佐が「日本はアジアを自由にするために、戦っている」と、演説する。

長谷川大佐は軍刀を吊って、終始、凜々しい日本軍人として、描かれている。

日本軍が、フランス軍と戦う場面もある。フランスの司令官が戦死するが、丘の上の小さな教会で、葬儀が行われる。大佐も参列し、柩が地中に降ろされてゆくのを、挙手の礼で見送る。敵に手厚い日本軍人だ。

大佐は執務室の机の上に、軍装で白馬を駆られる天皇の御真影を、飾っている。

戦争が末期にいたり、副官が広島に原爆が投下されたことを、報告に来る。副官が去った後に、大佐が慟哭する。

日本が無条件降伏したという通信を受けた後に、大佐が町の有力者の娘で、モニク妃殿下が演じる恋人の家を訪れて、ピアノを弾く。

曲は、『さくらさくら』だ。長谷川大佐が奏でる旋律が流れるなかで、桜が爛漫《らんまん》と咲き薫《かお》る日本の春、紅葉に染まった秋の山河、白雪に覆われた冬の日本が、つぎつぎと映し出される。

戦争に敗れても、日本の気高い精神が少しも変わらないことを、訴える。

私は国王の日本に対する思い入れと、アジアの人々がそこまで慕う日本を築いた、先人たちの精神に、胸を打たれた。

韓国のジャーナリストが、私の仕事場をたずねてくるたびに、この映画を見せたが、全員が絶句した」

日本によってアジアが一変しました。

事実は小説より奇なりです。

世界の地図が塗り変わった／あいつぐ植民地の独立

列強は、目覚めていく非植民地国家を抑えきれなくなっていきました。

大東亜戦争は、白人国家イギリス、フランス、オランダ、アメリカのアジア支配国家と日本の戦いでしたが、真の目的は白人国家からの解放でした。

しかし、戦後処理は日本がアジア侵略の汚名を背負い、今日に至っています。

一九一九年（大正八年）のパリ講和会議は、「植民地国家の自立の始まり」でもありました。日露戦争の勝利が、その可能性に火をつけました。

二十世紀前半

一九一九年　アフガニスタン（バーラクザイ朝）がイギリスから独立。
一九二二年　エジプトがイギリスから王国として名目上独立。
一九二五年　イラン（パフラヴィー朝）がイギリスから独立。

一九三二年　イラク王国がイギリスから独立。
一九三二年　サウジアラビア王国が成立。
一九三四年　南アフリカ共和国がイギリスから独立。

一九四〇年代

一九四一年　一九三六年にイタリアの植民地となっていたエチオピアが独立を回復。
一九四三年　レバノンがフランスから独立。
一九四五年三月　ベトナム帝国がフランスから独立を宣言。日本の支援をもとに独立を宣言。
八月　日本の降伏直後にインドネシア独立宣言。
九月　ベトナム民主共和国がフランスから独立を宣言。
一九四六年四月　シリアがフランスから独立。
一九四六年五月　ヨルダンがイギリスから独立。

一九四六年七月　フィリピンがアメリカから独立。
一九四七年　インドとパキスタンがイギリスから独立。
一九四八年　スリランカ（当時はセイロン）がイギリス連邦の自治国として独立。
一九四八年　ビルマ連邦がイギリスから独立。
一九四八年八月　大韓民国がアメリカから独立。
一九四八年九月　朝鮮民主主義人民共和国がソ連から独立。
一九四九年　インドネシアがオランダから独立。インドネシア独立戦争の後、独立した。
（独立宣言は一九四五年八月十七日）

一九五〇年代

一九五一年十二月　イタリアの植民地を経て、第二次世界大戦後、イギリスとフランスに統治されたリビアが独立。
一九五三年十月　ラオスがフランスから完全独立。
一九五三年十一月　カンボジアがフランスから独立。

一九五六年　スーダンがエジプトおよびイギリスから独立。
一九五六年三月　モロッコとチュニジアがフランスから独立。
一九五七年　マラヤ連邦（後のマレーシア）がイギリスから独立。
一九五七年三月　ガーナがイギリスから独立。
一九五八年十月　ギニアがフランスから独立。

一九六〇年代

一九六〇年
一月一日　フランス領カメルーンが独立。一九六一年にイギリス領カメルーンも独立。
四月四日　セネガルがフランスから独立。八月にセネガルとして独立。当時はマリ連邦。
四月二十七日　トーゴがフランスから独立。
六月二十六日　マダガスカルがフランスから独立。
六月三十日　コンゴ（現在のコンゴ民主共和国）がベルギーから独立。

六月二十六日　イタリア領ソマリランドが独立。後にソマリアと統合。
七月一日　イギリス領ソマリアが独立。イタリア領ソマリランドと統合し、ソマリアに。後にソマリア内戦。
一九六〇年八月　地中海のキプロスがイギリスから独立。後にキプロス紛争によりトルコ系住民による北キプロス・トルコ共和国が分離し分裂状態。
八月一日　ダホメ（現在のベナン）がフランスから独立。
八月三日　ニジェールがフランスから独立。
八月五日　オートボルタ（現ブルキナファソ）がフランスから独立。
八月七日　コートジボワールがフランスから独立。
八月十一日　チャドがフランスから独立。その後、チャド内戦でリビア、フランスなどが介入。
八月十三日　中央アフリカ共和国がフランスから独立。その後、一時、帝国を名乗る。
八月十五日　コンゴ（現在のコンゴ共和国）がフランスから独立。
八月十七日　ガボンがフランスから独立。

九月二十二日　マリ共和国がフランスから独立。
十月一日　ナイジェリアがイギリスから独立。その後、ビアフラ戦争が発生。
十一月二十八日　モーリタニアがフランスから独立。

一九六一年
クウェートがイギリスから独立。
イギリス領カメルーンとシエラレオネがイギリスから独立。
シリアがアラブ連合共和国から再独立。
一九六二年七月　ルワンダとブルンジがベルギーから独立。
一九六二年　アルジェリアがフランスから独立。
一九六二年　ウガンダがイギリスから独立。
一九六三年十二月　ザンジバル王国がイギリスから再独立。
一九六三年十二月　ケニアがイギリスから独立。
一九六四年七月　マラウイがイギリスから独立。

一九六四年十月　ザンビアがイギリスから独立。
一九六五年　ローデシアがイギリスから独立宣言。
一九六五年二月　ガンビアがイギリスから独立。
一九六五年七月　モルディブがイギリスから独立。
一九六六年十月　レソト（南アフリカ共和国の中にある国）がイギリスからイギリス連邦の自治国として独立。
一九六七年　南イエメンがイギリスから独立。
一九六八年九月　スワジランドがイギリスから独立。
一九六八年十月　赤道ギニアがスペインから独立。

一九七〇年代

一九七一年八月　バーレーンがイギリスから独立。
一九七一年九月　カタールがイギリスから独立。
一九七一年十二月　アラブ首長国連邦がイギリスから独立。

一九七一年　オマーンがイギリスから独立。
一九七四年九月　ギニアビサウがポルトガルから独立。
一九七五年六月　モザンビークがポルトガルから独立。
一九七五年七月　サントメ・プリンシペ、カーボベルデがポルトガルから独立。
一九七五年十一月　アンゴラがポルトガルから独立。
一九七五年七月　コモロがフランスから独立。
一九七七年六月　ジブチがフランスから独立。

一九八〇年代

一九八〇年　ジンバブエがイギリスから独立。
一九八四年　ブルネイがイギリスから独立。

豊かになった有色人国家

中南米には、コロンブスが一四九二年（明応元年）に今の南米（これを新大陸発見と言った）に到着してから、スペイン、ポルトガルの植民地となり、歴史を消去された先住民がいます。

白人たちは、そこをインドと思って先住民をインディアンと言いました。私たちも、普通にインディアンと言っています。

強者が勝手に世界を作り替える五百年間が始まりました。

南北アメリカにはもとの言葉がありません。ポルトガル語とスペイン語と英語です。彼らが入植することによって、人も言葉も入れ替わりました。

アジアとアフリカは植民地時代が、アメリカ大陸に比べて比較的短期間だったので、それぞれの国語を残すことができました。

わが国は、五箇条の御誓文を国是としていたので、いろいろな問題があっても、国の自立を支援することを主たる目的にしました。

それには、大変な作業が必要であるということを、日本人は日々唱え続けていました。大祓詞《おおはらへのことば》にしっかり刻み込んであります。

要点の一部をここに示します。この機会に大祓詞《おおはらへのことば》をお読みになって、日本の歴史を体感されることをお勧めします。

我が皇御孫命《すめみまのみこと》は　豊葦原水穂国《とよあしはらのみづほのくに》を　安国《やすくに》と平《たひら》けく知《し》ろし食《め》せと　事依《ことよ》さし奉《まつ》りき
此《か》く依《よ》さし奉《まつ》りし国中《くぬち》に　荒振《あらぶ》る神等《かみたち》をば　神問《かむと》はしに問《と》はし賜《たま》ひ　神掃《かむはら》ひに掃《はら》ひ
賜《たま》ひて　語問《ことと》ひし磐根《いわね》　樹根立《きねたち》　草《くさ》の片葉《かきは》をも語止《ことや》めて　天《あめ》の磐座放《いはくらはな》ち　天《あめ》の八重雲《やへぐも》を
伊頭《いづ》の千別《ちわ》きに千別《ちわ》きて天降《あまくだ》し依《よ》さし奉《まつ》りき

これは、天孫降臨にさいし、多くの障害を除いて、国づくりに立ち向かっている様子をあらわしたもので、これを大東亜戦争に当てはめるのは不遜でしょうが、少なくともわが国の精神文化が、一貫していることはこれまで述べた通りであります。

以来、わが国は、民の安寧を祈り、それを具体的な形にするため、今日で言うところの産業の発展や社会の安定、福祉の向上を目指してきました。

世界の国々は、自分の力で、迷いながらも力強く前進、発展しています。

殊にアジアの発展は目覚ましいものがあります。国際社会でも大きな比重を占め、堂々としています。

二十一世紀はアジアの時代と言われるまでになりました。

令和二年は、コロナウイルスの問題があり、未だ残る人種差別の問題が大きくなっています。

このような中で声を上げることができる時代になったことを、深く感じ、日本が目指した人種平等の社会を祈ります。

御製から見える平等と平和を祈る天皇

幣立神宮の正面に、明治天皇御製《ぎょせい》（和歌）と昭和天皇御製を数首を掲示しています。

明治天皇御製

四方《よも》の海みな同胞《はらから》と思ふ世に
など波風のたちさわぐらむ

これは日露戦争開戦の折に述べられた、「すべての人間はみな同胞《はらから》、つまり人間は人種・民族・国籍を問わず、兄弟のように仲よくすべきである。どうか平和で、争いが起こらないで欲しい」という願いの言葉です。

日本が日清戦争に勝った後、いずれ自分たちにも災いが及ぶと思い、ロシアをはじめヨーロッパの白人国で、「黄禍論《こうかろん》」が起こります。黄色人種の日本は危ない国だ、と。

当時、世界の中で実質的に独立している有色人種国家は日本だけでした。

昭和天皇御製
昭和八年（一九三三年）、「浅海」と題してお詠みになりました。

天地の神にぞ祈る朝なぎの
海の如くに波立たぬ世を

昭和八年（一九三三年）といえば、ルーズベルトが大統領に就任した年です。

国際社会は白人国の利害関係で不穏な状態となり、ドイツではヒトラーが台頭し、実権を握った年です。不穏な国際情勢の中、どうか静かであって欲しいという願いの御製です。

昭和十五年（一九四〇年）、紀元二千六百年記念行事としてこの世が平穏であって欲しいという願いを込めて、この御製に曲と舞がつけられ、「浦安の舞」として全国の神社で奉納されました。

昭和十六年（一九四一年）、願いむなしく、日米関係は悪化していき、ついに同年十二月八日の開戦となりました。

神社では、以来この舞を通して、世界の平和を祈り続けています。

第五章

世界に光を放つ神道文化

ジャン＝ジャック・ルソーが求める国とは

思想家ジャン＝ジャック・ルソーは、一七六二年（宝暦十二年）フランスで『社会契約論』を出版しました。

この時代は、王権は神から授かったという「王権神授説」が唱えられていて、それを支持する王国やカトリック教会はルソーの『社会契約論』に反発し、出版禁止や逮捕令などが出されました。

しかしこの後、ルソーの思想がフランス革命に影響を与えたと言われています。

この頃の日本は、様子は全く違いますが、自由闊達な学問が栄えていました。本居宣長《もとおりのりなが》が『古事記』など、日本の古典を研究し、本来の日本人の姿、「大和心」の美しさ、「万世一系」の素晴らしさを示し、杉田玄白らが『解体新書』を著し、医学の進歩に貢献しました。伊能忠敬《いのうただたか》が後に日本地図を作りますが、この頃は能力を高めていた頃でしょう。

フランスでルソーの『社会契約論』が出版された頃、日本では天明の飢饉《ききん》がありました。「江戸四大飢饉」の一つとして歴史教科書にも大きく取り上げられています。

このとき飢饉で困窮する人々に伊能忠敬は伊能家の米を分け与え、佐原の地（現千葉県香取市）では一人の餓死者も出ていませんでした。

反対に、盛岡藩は飢饉にもかかわらず、農民から年貢を徴収し、餓死者を多数出したことがわかっています。

藩主の政策次第で乗り切った藩がたくさんあることが、私たちに伝わっていません。政治がいかに大きいかが立証される事実です。

ルソーの『社会契約論』で、特に関心があるのは、次の言葉です。

「人もし随意に祖国を選べと言うならば、君主と人民の間に利害関係の対立のない国を選ぶ。自分は君民共治を理想とするが、そのようなものが地上に存在するはずもないだろう。従って自分はやむを得ず民主主義を選ぶ」

ルソーはまた、あるユダヤ人の言葉を記録していました。

「我がユダヤの王は目に見えない護衛だけで守られる。我らの王は威厳に満ちて、その権力を行使するのは人民の幸福のためにだけであり、それ以外にこれを用いることはない。

かくして王への尊敬と威厳はいやが上にも高まり、人民に崇拝され敬愛されるのである。そのため王は神格化されるだろうが、それはひとえにその権威が人民に安らぎと幸福を保証するコーディネーターの役を果たすからに他ならない」

ルソーが求める国は、地球上に求めることができないままでしょうか？

わが国は「君民一体」ですが、ルソーの世界は「君民対立」であり、これが『社会契約論』を生み出したと考えられます。

ユダヤの民が、「ユダヤの王の教えが存在する国を、二千年にわたって探し続けている」と言います。

存在するのです。

それは、日本そのものでしょう。

縄文時代から受け継がれた、「おおみたから」のご精神が、すべてを物語っています。

歴史を取り戻し誇り高く

今の日本の歴史は占領軍によって、書き変えられました。

「歴史は強者がつくる」といいます。

わが国では今まさに、強者がつくることが現実になっています。

それに気づかれないように周到に、改ざんされ、洗脳されています。

占領軍「連合国軍最高司令官総司令部（GHQ）」は、日本の強さを「祭政一致の国の歴史にある」と判断し、徹底的に日本の歴史を破壊しようとしました。

天皇と神道の分離を図ったのです。

日本は天孫降臨以来、祭政一致の国です。

祭政一致といっても、天皇が直接政治に関わるわけではありません。

常に国民の安寧と世界の平和をお祈りします、というお言葉があります。

ここに象徴される「祈り」です。


GHQは、実に巧妙に改ざんに取りかかりました。

間接統治の手法を取ったのです。

日本が生まれ変わって、民主主義の国になったということを、マスコミを使って宣伝しました。記事の内容はすべて検閲して、GHQの考え通りの記事以外は許可しませんでした。

しかし表向きは、日本の政治家が国会で議論して決めたようにしたのです。

民主憲法といって、日本が生まれ変わったという宣伝をしながら、日本解体の仕組みをつくり、さらに、歴史と結びついている行事をすべて禁止しました。

これらを徹底するために、教育内容を変え、指導に携わる教育関係者をすべて入れ替えました。これを「民主主義教育」と宣伝し、マスコミ、行政、学会によって洗脳工作が為されていったのです。

昭和二十年（一九四五年）、GHQによって「神道指令」が出されました。「国家神道、神社神道ニ対スル政府ノ保証、支援、保全、監督並ニ弘布ノ廃止ニ関スル件」の通称で、国家神道の廃止、政治と宗教の徹底分離、実質的には神道を目的とした徹底分離などが指示されました。これによって、歴史の改ざんが行われたのです。

この改ざんを徹底するために、教育基本法が制定されました。

これによって作成された教科書と、日教組を母体とする教育関係団体が着実に実行していったのです。

先述したトインビーの言葉を思い起こしましょう。

①自国の歴史を忘れた民族は滅びる

②すべての価値を物やお金に置き換え、心の価値を見失った民族は滅びる

③理想を失った民族は滅びる

このことを徹底するために、日本の祭日を廃止しました。

日本の建国を祝う日を「紀元節」と言い、明治時代初期から終戦までありましたが、このどこの国も最も大切にする建国記念日をGHQは廃止にしたのです。


日本には建国の歴史がありません。

縄文の昔から自然発生的にでき上がった国です。

そこで、神武天皇の即位を祝して、歴史の区切りをつけました。

紀元節というのは、こういう国の成り立ちから制定されたものです。

おおかたの国は、独立記念日や革命記念日など、確定できる日がありますが、日本は『日本書紀』の記録に基づいて定められました。

昭和十五年（一九四〇年）、皇紀二六〇〇年は盛大に奉祝行事が行われました。

紀元は二六〇〇年と声高らかに歌ったと聞いています。

日本人を日本の歴史から遠ざけるために具体的には、
◎記紀を歴史の史料から削除した
◎神話を学校教育から削除した
◎天皇と国民の関係を意図的に削除した
◎わが国は神話の時代より女性が尊ばれる国であることを気づかせないようにした
◎人種平等の提案国であることを削除し、侵略国家のイメージをつくり上げた

歴史は勝者がつくるというのは、日本人が今経験しているところです。
歴史を取り戻し、自国の文化を語れる誇り高い日本の姿を念じて、祈り続けます。

永遠の平和の世界／高天原・幣立神宮を表している文書

私が幣立神宮にお仕えして五十年以上が過ぎました。

そして宮司を拝命してから、二十二年を過ごしました。

六〇才の四月一日から、ほとんど神社の境内を離れることなく現在に至っています。

多くの人と出会う中で、歴史の原点に触れる史料を持ってきてくださる方も多いです。

平成六年（一九九四年）六月六日の朝六時六分に、幣立神宮に参拝にお見えになった女性がいました。その女性が「これを見てください」と一枚の紙を広げました。

その方から「家伝の史料を預かってきたので見てください。ひょっとしたら、幣立のお宮に関係があるのではないでしょうか？」と、次ページ写真にあるコピーを見せられたのでした。

私の目は、見たこともない文字に引きつけられました。

幣立神宮には、ペトログラフと言われる古代の文字が彫られた石や、石版があり、そ

神武天皇以前の天皇を含む数百代の皇統が記された「皇祖皇太神書（こうそこうたいしんしょ）」を持つ春木宮司。最上段には神代文字が書かれている。この史料を参拝された女性から見せられた。『シリウス・プレアデス・ムーの流れ　龍蛇族直系の日本人よ！』

の頃、ペトログラフ研究者の第一人者と言われる吉田信啓《のぶひろ》氏が幣立神宮に度々足を運んでいましたので、彼に読んでもらいました。

トコヨノクニイロヒトノヲホヲヤネノカミ

と、解読してくれました。
文字に当てはめると、
「常世の国色人の大御屋根の神」となります。

 **ト　止　床**　日月共に地の底に廻る床に入る如き意　戸、通、所、共

 **コ　此　右**　太陽が雲にかくれ見えざること　子、甲、公、功、己

 **ヨ　世　夜**　太陽・月球の御徳を世の者へ恵むの意

 **ノ　野　呑**　日月重なること（太陽と月が重なり日蝕となる）飲、退

 **ク　久　首**　日月の組合せ日蝕・月蝕の意　帯、黒、句、訓

ニ	仁瓊	日月と地球共に活躍すること	荷、西、逃
イ	伊入	太陽と月陽の寄入る処	互、入、日、到、命、令
ロ	呂労	一切食物の味を云う	老、露
ヒ	比火	日の如く上にのぼる	
ト			
ノ			
ヲ	於皇	天神・地神の御示	親、翁、應
ホ	法寿	いろいろな神示の法	穂、本、方、帆
ヲ			
ヤ	屋宿	太陽の光・地球に隠るるの意	山、矢、安、休、養
ネ	根念	天孫の下る根本	子、熱、顔
ノ			
カ	加神	太陽が昇らんとする力加えるの意	蚊、感、活、完、科
ミ	美身	水魂または星の意	右、宮、味、巳

記紀では常世の国は不明確で、これに当たるものは見当たりません。

蓬莱山を「常世の国」とする、言い伝えがあります。

徐福伝説によると、徐福は、秦の始皇帝の命を受けて東海中にある、「不老不死の妙薬」を求めて、日本にやってきたと言われています。

伝説によると、「この妙薬とは、蓬莱山の下から湧き出る水ではないか、と。そこは阿祖山・日向高地の峯にあるらしく、そこから湧き出る水が、不老不死の妙薬として伝わっていたのではないか」と、吉田信啓氏は著書で述べています。


この「常世の国」は高天原のことで、そこは日本人が求めてやまない永遠の夢の国です。この「常世の国」は、色人を祀った神の杜《やしろ》を指しています。

先述しましたジュディス・カーペンターさんが夢に見た色人の国も、同じ常世の国ではなかったか、と不思議なものを感じます。

色人を祀ってあるお宮があります。
幣立神宮です。
色人（イロヒト）のことを五色神と申し、ご神体に当たるのが五色神面です。
「大御屋根の神」とは高天原に祀られた神々を指しているのでしょう。

神漏岐命・神漏美命　カムロギノミコト・カムロミノミコト　宇宙からのご降臨の神
大宇宙大和神　オオトチノオオカミ　神代七代の初代
天御中大主神　アメノミナカヌシノオオカミ　天神七代の初代
天照大神　アマテラスオオミカミ　地神五代の初代

の五柱の神々を総称して、「大御屋根の神」と申し、高天原の神々・幣立皇大神です。
八月二十三日に、「五色神祭」が執り行われ、世界の平和を祈ります。

先代宮司の辞世の句があります。
墓碑に刻んで心を受け継いでいます。

大屋根の皇大神を守らむと
小屋根の岡にわれは鎮まる

高天原・幣立神宮に鎮座し賜う、大御屋根の神・幣立皇大神は、時空を超えて、歴史の真実をお見守りくださっています。

おわりに

この稿が終わり、編集者に送った直後に五十六年連れ添った妻の危篤が、付き添っていた息子から連絡が入りました。

これを著すに当たって、妻の後押しと助言がなかったら一文字も進んでいませんでした。

私は、妻の生き方を見ていつも刺激を受け、何とかやってきたように思います。

妻は何か事あるたびに、私に叱咤激励してくれていました

「仕事をするときは、上機嫌でやれ」

「好きでしている仕事でしょう」

「気が入らないいなら止めたらどうですか」

「仕事は面白い。仕事は好きで楽しく遊びのように」

そういわれると、疲れなど一瞬でとび去ります。

「あなたは家にあってはおりの中の熊だから、神社にお仕えして熊になったらどうですか」

私は八十三才の今日も、熊を演じています。


妻はたくさんの詩を残していました。

その内の二首を感謝を込めて記します。

私の家の庭先に数百年の柊《ひいらぎ》の木があります。柊の葉は棘《とげ》がありますが、古木の柊は棘がとれ丸葉になることから、この葉にかけて私への人生訓です。

齢ふりて　丸葉隠れに　咲薫る
斯くやありたし　柊のはな

江戸時代のはじめに信望を集めた幣立神宮神官・春木宮之助の墓木の真木（木周り四メートル）を仰ぎて。

聳え立つ　幣立真木の　辺に思ふ
皇屋根《おおやね》児屋根を　仰ぎ奉りて

※皇屋根とは幣立神宮のことで、児屋根とは小屋根の丘に祀られている天児屋根命の古墓のことです。

今年令和二年の三月に入って、コロナ禍に立ち向かうわが国の対応と世界の状況が生活を一変させました。

わが国では多くの学校が休校になり、年度の終わりと始めが機能不全に陥り、卒業式や入学式のあり方が、経験したことのない事態になりました。

社会では送別会と歓迎会が忘年会と共に最も賑やかに、心が弾んでいた時でしたが、すべて自粛の中に、新しい生き方を模索し始めました。

日頃交流のあった料亭のご主人が、「すべての予約がキャンセルになりました」とおっしゃいました。


コロナ禍は、世界を揺るがし始めました。

米中の摩擦が一層激しく国際社会を揺さぶっています。

今年の初めまでは世界中を飛行機やクルーズ船で賑わっていましたが、鳴りを潜め、倒産する運輸業界も出始めました。

世界全体にストレスがたまっています。

しかし、これからの生き方を創造する機会を突きつけられているように思います。

私たちにはわが国の歴史の中で、そのモデルを見ることができます。

それは神武天皇の国づくりのおこころに集約されていることは、すでに述べたとおりです。

私たち日本人には長い歴史の中で、天皇とともに、神の姿を組み込まれているのです。
そのことをどうぞ忘れずに生きていってほしいと願っています。

令和二年九月吉日

春木　伸哉

春木伸哉（はるき　しんや）

昭和12年８月１日生まれ。

昭和33年４月〜平成10年３月、熊本県公立学校（小・中）勤務。

平成２年４月から熊本県公立小・中の校長を務める。

平成11年、幣立神宮宮司に。

著書に『青年地球誕生』（春木秀映との共著、明窓出版）、『地球隠れ宮一万五千年のメッセージ』（江本勝氏との共著、ヒカルランド）がある。

神を受けつぐ日本人
〈幣立神宮〉からの祈り

第1刷　2020年10月31日
第2刷　2024年 7 月10日

著　者　春木伸哉
発行者　小宮英行
発行所　株式会社徳間書店
〒141-8202　東京都品川区上大崎3-1-1
目黒セントラルスクエア
電　話　編集(03)5403-4344／販売(049)293-5521
振　替　00140-0-44392

印　刷　大日本印刷株式会社
製　本　大口製本印刷株式会社

ISBN978-4-19-865137-4

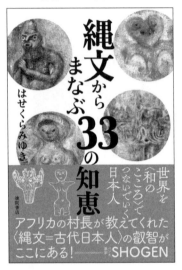

〈幣立神宮〉からの祈り

神を受けつぐ日本人

幣立神宮宮司
春木伸哉

徳間書店